AF200111

Werner F. Sydow

Hallo, wie geht's?

Es könnte besser geh'n!

Konsultieren wir die Ärzte der Antike

Herstellung und Verlag:
BoD - Books on Demand, Norderstedt
© Werner F. Sydow 2020
Zeichnungen: Sophie Strauß, Berlin

ISBN 978-3-7504-5242-8

Die einzigen wahrhaft Glücklichen unter uns werden die sein, die den Weg zum Dienst an anderen gesucht und gefunden haben.

Albert Schweitzer

Hippokrates – Vater der Medizin

Anmerkung:

Mit großer Sorgfalt ist das vorliegende Buch geschrieben worden. Dennoch kann der Autor für eventuell auftretende Beschwerden aus den gemachten praktischen Empfehlungen keine Haftung übernehmen.

Inhalt

Ein Wort vorweg

Etwas hinzuzulernen, so Aristoteles, ist immer reizvoll. In diesem Buch geht es ausnahmsweise mal nicht um Krankheiten, sondern um die Gesundheit, um Ihre Gesundheit. Hängt doch von ihr die Lust zum Leben ab. 'Oui à la vie', so sagen die Franzosen: Ja zum Leben. Man spürt geradezu die sprühende Lebensfreude beim Ausspruch dieser Worte.

Wir wollen uns den Kopf anstrengen und untersuchen, wie wir möglichst lange auch im Alter gesund und fit bleiben können. Nicht mit hängenden Köpfen, sondern fröhlich gelassen und aufrecht, immer verbunden mit einer interessanten Tätigkeit. Wie sagte doch der Gelehrte Hieronymus (347 – 419 u. Z.): »Tu immer etwas, so dass der Teufel dich immer beschäftigt findet.«

Auch unser Hausarzt kann eine Menge dazu beitragen, wenn er sich nicht nur als Kranken-Doktor versteht, sondern als Gesundheitsarzt dafür sorgt, die Gesunden gesund zu erhalten. Das ist mit einem Rezept nicht abgetan, das er alle Vierteljahr erneuert oder ergänzt. Neues Denken ist gefragt, vor allem mehr Zeit, den Patienten richtig kennen zu lernen. Das Gespräch, richtig geführt, ist ein wichtiger Bestandteil der Kommunikation zwischen Arzt und Patient und schafft

Vertrauen beiderseits. Goethes Hausarzt in Weimar C. W. Hufeland unterstreicht diese These: »Der beste Arzt«, so Hufeland, »ist der, der zugleich Freund ist. Gegen ihn ist es am leichtesten, vertraut und offenherzig zu sein. Er kennt und beobachtet uns auch in gesunden Tagen, welches zur richtigen Behandlung in kranken ungemein viel beiträgt… Hat man einen geschickten und rechtschaffenden Arzt gefunden, so traue man ihm ganz.« [1]

In der klassischen Periode der Antike (5./4. Jh. v. u. Z.), der kulturellen Blütezeit, ist es die vornehmste Aufgabe vor allem der hippokratischen Ärzte, ihre Patienten gesund zu erhalten, wobei auch dem Patienten Verantwortung für einen gesunden Lebensstil ans Herz gelegt wird.

»Es gibt Tugenden«, so Goethe, ein Kenner der Antike, »die man wie die Gesundheit nicht eher schätzt, als bis man sie vermisst.« [2]

Gesundheit und Krankheit sind nicht mehr gottgewollt, sondern werden im Zusammenhang mit den Naturvorgängen gesehen. Die antike rationale Medizin mit ihrem hohen Berufsethos, beginnend im 5. Jh. v. u. Z., ist auch heute noch aktuell, da das Bewusstsein für einen gesunden Lebensstil, bei dem körperliche Übungen ganz oben anstehen, weitaus besser ausgeprägt war als heute. Prävention, Gesundheitsförderung und Eigenverantwortung haben hier ihren Ursprung.

Das vorliegende Buch gibt vor allem Einblick in die Arbeit der hippokratischen Ärzte. Sie sind gut ausgebildet, verfügen über ein solides medizinisches und philosophisches Wissen und eine große praktische Erfahrung. Sie sind einfühlsam und finden so das Vertrauen zu ihren Patienten. Diese Ärzte sind fest mit der hippokratischen Lehre verbunden und sehen in Hippokrates ihr großes Vorbild im Unterschied zu den anderen Ärzten, die nur auf das große Geld aus sind, darunter viele Scharlatane. Es ist immer wieder erstaunlich, welche klugen Gedanken wir in den hippokratischen Schriften zu den Themen Gesundheit, Krankheit, Alter und Tod finden. Besondere Beachtung wird der Diätetik – der Kunst der angemessenen Lebensweise – einem Therapiesystem geschenkt, das noch heute als »außerordentlich« von der Fachwelt eingeschätzt wird. Es lohnt sich, diesen Ärzten zuzuhören und von ihnen zu lernen.

Zu Wort kommen aber auch andere bedeutende kluge Ärzte und Naturforscher, deren Denken und Handeln eng mit der griechischen Kultur und Medizin verbunden sind. Schulmedizin und Naturheilkunde sind für sie nicht zweierlei, sondern waren schon immer miteinander verflochten, denn alte und neue Medizin gehören nun einmal zusammen. Hören wir also gut hin, was J. W. von Goethe, Dichter und Naturforscher, sein Hausarzt C. W. Hufeland, Professor E. Schweninger, Bismarcks Leibarzt, Sebastian Kneipp, Pfarrer und Arzt in Wörishofen, uns mitteilen können. Sie alle haben sich um eine Medizin der Gesundheitsförderung verdient gemacht, die die Kräfte der heilenden Natur mit einbezieht.

Natura sanat, Medicus curat.

Die Natur heilt, der Arzt behandelt. Diese alte Weisheit wird heute von vielen Ärzten negiert. Anstatt für die Regelung einer gesunden Lebensweise zu sorgen, werden überwiegend Medikamente verschrieben. Ärzte wissen sehr viel über die Krankheiten, aber sehr oft recht wenig über die Patienten. Professor Gian Domenico Borasio, Universität Lausanne, spricht von systemischen Fehlanreizen, »die diejenigen Ärzte belohnen, die viele Behandlungen durchführen – also nicht unbedingt jene, die den Bedürfnissen des Patienten gerecht werden«. [3]

Dabei hat es sich längst herumgesprochen: Volle Praxen, zufriedene Patienten gibt es dort, wo ein echtes Vertrauensverhältnis zwischen Arzt und Patienten besteht und der Arzt, wie bei den hippokratischen Ärzten in der Antike üblich, zuhören kann.

In einer aktuellen Umfrage der Ärztegewerkschaft Marburger Bund geben mehr als zwei Drittel, der in den Krankenhäusern beschäftigten Ärztinnen und Ärzte an, für die Behandlung ihrer Patienten nicht ausreichend Zeit zu haben. 60-Stunden-Woche, zunehmende Leistungsverdichtung gehören zum täglichen Betrieb. Kein Wunder, dass 72 Prozent der Mediziner über gesundheitliche Probleme klagen. [4]

Noch gut in Erinnerung sind mir die Aufzeichnungen des bekannten russischen Wissenschaftlers und Chirurgen Nikolai Amosov »Herzen in meiner Hand«, in denen er immer wieder auf die Empathie hinweist, auf die Fähigkeit, sich in die Einstellung der Patienten einzufühlen: »Um Lehrer und Arzt zu sein«, schreibt er, »ist Liebe zu den Menschen unbedingte Voraussetzung... Für die Ärzte ist das besonders wichtig, denn sie haben unaufhörlich mit leidenden Menschen zu tun.« [5] Ganz im Sinne von Hippokrates stellt Amosov an sich und seine Ärzte hohe charakterliche und fachliche Anforderungen. Heute einen Arzt anzutreffen, der freundlich, zuvorkommend und mitfühlend ist, und vor allem Zeit für den Patienten hat, ist wie ein Glücksfall.

Wir erleben derzeitig einen Wandel der bisherigen Grundauffassung:

Schulmedizin und Naturheilkunde nähern sich an,

ergänzen sich. Weltweit erkennen wir Tendenzen zur Vereinigung ihrer Potenziale.

Wenn Sie sich nicht mit 60, 70 Jahren und darüber hinaus mit Krebs, Herz-Kreislauf-Erkrankungen, Diabetes, Rheuma und anderen Krankheiten herumschlagen, ihr Leben verkürzen wollen, dann sollten Sie sich die Kenntnisse der hippokratischen Ärzte zu Herzen nehmen, bei denen die Gesundheit Priorität hat und unter anderem die körperliche Bewegung, der Sport, als ein »natürliches Moment der Gesundheit« betrachtet wird und ein fester Bestandteil des täglichen Lebens und des Erziehungssystems ist. Machen wir es den Griechen nach. Tun wir alles, um gesund und fit zu werden. Dieses Buch ist für alle gedacht, die die Absicht haben, quicklebendig und gesund alt zu werden.

Die Welt verstehen durch Nachdenken

Als alter Lateiner sammle ich leidenschaftlich Weisheiten, die in Bezug zu meiner Dozententätigkeit stehen. Der folgende Spruch stammt von Horaz, einem bedeutenden römischen Lyriker (65 – 8 v. u. Z.): »Omnes una manet nox.« Auf alle wartet die eine Nacht – ein Naturgesetz, das allen bekannt ist, doch viele nicht recht wahrhaben wollen. Je mehr ich über diesen einen Satz nachdenke, dass jedes Lebewesen sterblich ist und niemand dem Tod entrinnen kann, dass der Tod sozusagen das naturgemäße Ende ist, überlege ich, wie man den Zeitpunkt bis zum Ende möglichst lange hinauszögern kann. Seneca, ein römischer Schriftsteller (55 v. u. Z. – 40 u. Z.), meint: »Wenn man das Leben zu nutzen versteht, ist es lang.« Eine kluge Überlegung, aber für mich noch nicht ausreichend. Die hippokratischen Ärzte waren überzeugt, dass gesund sein das Leben ausmacht. »Wohlgetan ist es«, so Hippokrates, »die Gesunden sorgfältig zu führen, damit sie nicht krank werden.«

Neue Wege eröffnen sich für die Medizin, weg von der empirisch begründeten Heilkunde, in der die Götter verehrt wurden und das Sagen haben, hin zur wissenschaftlichen Medizin, deren Grundlage die Naturgesetze sind. So finden wir in den Hippokratischen Schriften (Corpus Hippocraticum) Hinweise auf Abhandlungen der Naturphilosophen unter anderem von Empedokles (495 – 435 v. u. Z.), griechischer Philosoph und Wanderarzt. Er benannte als erster vier Elemente, aus denen die Materie besteht: Feuer, Wasser, Erde, Luft. Und so kann man in den Hippokratischen Schriften lesen, dass »die Natur als Einheit der vier Elemente auch im Menschen definiert ist und als innerer Grund für deren Wirksamkeit sowie die Beschaffenheit des Menschen gilt«. [6]

Die Entwicklung der Medizin zu einer Wissenschaft war natürlich auf das Engste verbunden mit der Entwicklung der antiken Produktionsweise – dieser Begriff wurde erstmals von Karl Marx geprägt – und der Bildung der griechischen Stadtstaaten (gr. Polis) auf dem Festland und den ägäischen Inseln, einem Zusammenschluss von privaten Grundbesitzern, Kaufleuten, Handwerkern, Bauern, Krämern. Damit war die Bahn frei für eine demokratische Regierungsform und die Ablösung der bisherigen Adelsgesellschaft. Die gleichberechtigten Polis-Bürger, arm wie reich, mit Ausnahme der Metöken (Ausländer), konstituierten sich trotz ökonomischer Unterschiede ihres Eigentums als herrschende Klasse der Sklavenhalter. Alle freien Männer ab 30 Jahren konnten an den Volksversammlungen teilnehmen und über wichtige Anliegen der Stadtstaaten abstimmen.

Waren es in der vorklassischen Zeit allein die Aristokraten (die Großgrundbesitzer), die dem Prinzip »Kalokagathie« folgten – dem geistigen Ideal für körperliche und geistige Vortrefflichkeit – so wird mit der Entwicklung der Stadtstaaten die Bildung, Gesundheitsförderung und die sportliche Betätigung für bestimmte Kreise der Polisbürger möglich. Arzt und Trainer sorgten für gute Trainingsbedingungen. Wenig Chancen am Sport teilzunehmen hatten, abgesehen von den Sklaven, weniger bemittelte Männer und junge griechische Mädchen und Frauen, die sich vor allem um Haus und Hof zu kümmern hatten. Erst viel später in der hellenistischen Zeit (336 – 30 v. u. Z.) werden sie selbstständiger und erlernen Berufe wie Ärztin, Sängerin, Schauspielerin. Auch das Bildungssystem profitierte von der weiteren Entwicklung der demokratischen Stadtstaaten. Die allgemeine Erziehung und die Gesundheitserziehung finden zusammen. Ein bemerkenswertes Ereignis in der Geschichte der Antike. Schon in den Elementarschulen (private Einrichtungen für 7- bis 14-jährige Jungen und Mädchen) war eine universelle Bildung angesagt. Lesen, Grammatik, Schreiben, Rechnen, Musik, vor allem Gymnastik, jede Art von körperlicher Bewegung, wie Laufen, Turnen, Springen, stehen auf dem Lehrplan. Jede Schule verfügte über eine Palästra – eine Sportstätte mit Laufbahn, Ankleideraum, Bädern. Neben den

Elementarschulen gab es öffentliche Bildungsanstalten wie Gymnasien. Finanziert wurden sie von der Bürgerschaft und Stiftungen reicher Einwohner. Parallel zu den Jungengymnasien wurden Mädchenschulen eingerichtet. 14- bis 18-jährige Jungen und Mädchen freier Bürger konnten diese Anstalten besuchen. Kernstück der Ausbildung waren unter anderem Grammatik, Rhetorik, Mathematik, Literatur, Dialektik, Astronomie, Geometrie, Musik und vor allem Sport. Eine umfassende Bildung! Das Ziel der Ausbildung: die geistigen Fähigkeiten, vor allem das Denken, zu fördern und durch Sport die körperliche Fitness zu steigern. Junge Männer im Alter von 18 Jahren wurden freie Bürger der Stadtstaaten und dienten zwei Jahre beim Militär.

Mit der weiteren demokratischen Entwicklung verändert sich auch die Stellung des Arztes in der Gesellschaft. Zu Homers Zeit (8. Jh. v. u. Z.) galt der Arzt als (nützlicher) Handwerker, zuständig für die äußeren Krankheiten und Verwundungen. [7] Mit dem Erschließen neuer Erkenntnisse in der Philosophie, die Welt und den Menschen rational zu erklären, änderte sich auch das Denken und die Tätigkeit der Ärzte. Im Mittelpunkt steht der ganze Mensch mit seinen körperlichen und geistigen Eigenschaften. Die Ärzte arbeiten als Wanderärzte oder sind als fest angestellte Ärzte in den Stadtstaaten tätig.

Einer der bedeutendsten Ärzte der Antike ist Hippokrates. Er wurde 460 v. u. Z. als Sohn des Arztes Hera-
kleides und seiner Frau Phainarete in der Inselstadt Kos
geboren.

Insel Kos

Hippokrates entstammt einer alten Arztfamilie, in
der das Medizinwissen von Generation zu Generation
weitergegeben wird. So erlernt er aus erster Hand

seines Vaters den Beruf des Arztes. Hippokrates, hochgebildet und redegewandt, verfügt nicht nur über ein umfassendes medizinisches Wissen, sondern auch über gute philosophische Kenntnisse. Besonders liegt ihm die Dialektik am Herzen. Die Griechen verstehen darunter die Kunst der Unterredung, die vor allem durch Rede und Gegenrede die Denkfähigkeit schärft und schult.

Der junge Hippokrates praktiziert nach seiner Ausbildung zunächst in seiner Geburtsstadt Kos. Er ist nicht nur ein angesehener Arzt, sondern auch als Lehrer gefragt. Neben seinen Söhnen Thessalos und Drakon bildete er auch viele andere Schüler aus und legt so den Grundstein für die weit und breit in Griechenland anerkannte Ärzteschule in Kos. Es wird berichtet, dass Hippokrates schon zu Lebzeiten »als berühmter Arzt und Repräsentant der Medizin seiner Zeit galt und dass die Art seines medizinisches Denkens weithin bekannt war«. [8] Die Individualisierung der Medizin stellt zur damaligen Zeit eine herausragende Leistung dar. Nicht bekannt ist, wann Hippokrates die Insel als Wanderarzt verlässt, um Heil-Erfahrungen in anderen Ländern zu sammeln und sich weiterzubilden. Die letzten Jahre lebt er in Thessalien (Nordgriechenland) und wird nach damaligen Verhältnissen uralt. Man schätzt über 85 Jahre. Er stirbt um 375 v. u. Z. in Larissa. Damals und heute gilt Hippokrates als Vater der Medizin. Noch heute erinnert eine uralte ehrwürdige Platane, gestützt mit Eisenstangen, an den großen Sohn der Stadt Kos. Man erzählt sich, dass Hippokrates eigenständig diesen Baum gepflanzt haben soll. Diese mächtige Platane ist heute Treffpunkt unzähliger Verehrer des großen Arztes.

Platane in der Inselstadt Kos

Viele Ausgrabungsstätten gibt es auf der Insel Kos, unter anderem die nach 366 v. u. Z. gebaute Kultstätte

Asklepieion, benannt nach Asklepieos, dem Gott der Heilkunst, deren Überreste heute restauriert sind. Breite Terrassen, begrenzt durch mächtige Säulen, führen in das Innere des heiligen Bezirks, in dem die Kranken um Heilung baten.

Überreste der Kultstätte ASKLEPIEION

Johann Wolfgang von Goethe wies in »Dichtung und Wahrheit« auf den berühmten Arzt Hippokrates hin. »Es war nämlich vorzüglichen, denkenden und fühlenden Geistern ein Licht aufgegangen, dass die unmittelbare originelle Ansicht der Natur und ein darauf gegründetes Handeln das Beste sei, was der Mensch sich wünschen könne… eigentlich aber waren es die Ärzte, die am meisten Ursache hatten, darauf zu dringen und Gelegenheit, sich danach umzutun. Hier leuchtete ihnen nun aus alter Zeit ein Gestirn entgegen, welches als Beispiel alles Wünschenswerten gelten konnte. Die Schriften, die uns unter dem Namen Hippocrates zugekommen waren, gaben das Muster, wie der Mensch die Welt anschauen und das Gesehene, ohne sich selbst hineinzumischen, überliefern sollte.« [9] Der große Dichter und Naturforscher Goethe ließ sich von Hippokrates inspirieren und schrieb: »Gesundheit und Tauglichkeit fallen zusammen. Wir wünschen einen gesunden Geist in einem gesunden Körper und das lange Leben tritt an die Stelle der Unsterblichkeit.« [10] Lange habe ich über diesen Spruch nachgedacht. Er klingt hoffnungsvoll, ist einleuchtend und doch fehlt etwas Wichtiges, das Wort: »Wollen«. Und so kommen mir die Briefe von Plinius dem Jüngeren an Tacitus (61/62 – 113 u. Z.) über den Ausbruch des Vesuvs im August 79 u. Z., bei dem sein Onkel Plinius der Ältere, Schriftsteller und Admiral der römischen Flotte, während einer großen Rettungsaktion ums Leben kam, zu Hilfe. Von ihm stammt der Spruch: »**Leben heißt auf Posten sein**«, den ich bis heute nicht vergessen habe und der mir seit Beginn meiner Laufaktion nach nunmehr 50 Jahren jeden Tag in der Früh als Signalfunktion dient. 6.30 Uhr raus aus den Federn, rein in die Laufschuhe, schnell ein paar Lockerungsübungen, schon geht es über Stock und Stein, keine 50 Meter bis zum Wald, tief einatmen, nicht zu schnell, nicht zu langsam, die sauerstoffreiche Waldluft voll genießen, tagein, tagaus moderat, im aeroben Bereich bleibend. Resultat: Ich bin heute über 91 Jahre, keine Beschwerden, keine Pillen, über 60 Jahre immer noch mit derselben Frau verheiratet. Dank an Plinius, Dank an Hippokrates, der die Bewegung als beste Medizin bezeichnet. Nach wenigen Monaten Ausdauertraining wurde mir klar, dass wir es hier mit einem wahren Jungbrunnen zu tun haben.

Der wahre Arzt sieht zu allererst auf die Gesundheit

Das Bemühen um die Gesundheit ist in der klassischen Epoche der Antike mit einem Lebensstil verbunden, bei dem regelmäßiges körperliches Training und das Streben nach Harmonie einen breiten Raum einnehmen. Das erkannte auch Cicero (106 – 43 v. u. Z.): »Der Reiz der äußeren Erscheinung muss durch eine gesunde Farbe gewahrt werden, die Farbe aber durch Leibesübungen.« [11] Wie recht hat doch Cicero. Auch er fand die abgemagerten Schauspielerinnen zur damaligen Zeit, heute sind es die Mannequins, wunderhübsch gekleidet mit blassen Gesichtern und dünnen Armen, nicht besonders anziehend. Der Schlankheitswahn bei hübschen Models ist nach wie vor up to date. Maßvolle körperliche Bewegung, insbesondere Ausdauertraining, festigt nicht nur die Gesundheit, sondern fördert positiv den Geist und die Schönheit.

Gesundheit ist aber zur damaligen Zeit auch eine unabdingbare Voraussetzung, den schweren oder gar nicht zu behandelnden Krankheiten, wie Infektionskrankheiten oder Seuchen, zu entkommen.

Über die durchschnittliche Lebenserwartung der Griechen in der klassischen Epoche der Antike liegen keine exakten Zahlen vor. Was wissen wir? Die hippokratischen Ärzte finden heraus, dass mit 35 Lebensjahren der Höhepunkt der menschlichen Entwicklung erreicht ist. Von da an beginnt allmählich der Kräfteabfall, der wiederum verlangsamt werden kann durch das Therapiesystem der Diätetik – der gesunden Lebensweise – mit regelmäßiger moderater Bewegung wie Laufen, Schwimmen, Gymnastik und einer entsprechenden Ernährung. Das Greisenalter wird mit 56 Jahren angegeben. Zu berücksichtigen ist, dass die Sterberate bei der Geburt und in der Schwangerschaft sehr hoch ist, dass es einen Unterschied macht, zur Elite der freien Bürger der Stadtstaaten oder zu den weniger begüterten Schichten, ganz zu schweigen zu den Sklaven, zu gehören. [12] Bemerkenswert ist allerdings, dass viele Philosophen ein Alter von 70 bis 80 Jahren erreichen. Sokrates zum Beispiel war zur Zeit seiner Hinrichtung durch Gift 70 Jahre alt. Der Rhetoriklehrer Isokrates wurde sogar 98 Jahre. Demokrit (gr. Philosoph) starb mit 89. Platon, einer der großen philosophischen Denker in Griechenland, erreichte ein Alter von 79 Jahren.

Fragen wir die hippokratischen Ärzte, was sie unter dem Begriff Gesundheit verstehen. Gesundheit gilt hier als ein dynamisch labiles »Mittleres«, eine Gleichberechtigung verschiedener Kräfte. [13] Nehmen wir als Beispiel die Humoralpathologie (Säftelehre), dargelegt in der hippokratischen Schrift (Über die Natur des Menschen). Der Arzt geht davon aus, dass die Mischungsverhältnisse der Kardinalsäfte im Körper des Menschen (Blut, Schleim, gelbe und schwarze Galle) Ursache von Gesundheit und Krankheit sein können. »Am gesündesten ist er, wenn diese Säfte im richtigen Verhältnis ihrer Kraft und ihrer Quantität zueinander stehen und am besten gemischt sind. Schmerzen hat er, wenn etwas von ihnen zu viel oder zu wenig vorhanden ist oder sich in Körper absondert und nicht mit dem Ganzen vermischt ist.« [14]

Mit den ausleitenden Verfahren können schädliche Stoffe nach außen abgeleitet werden. So dient zum Beispiel das Schröpfen (trocken oder blutig) dazu, das Gleichgewicht der Säfte wiederherzustellen und Schmerzen zu beseitigen. Bronzene und hörnerne Schröpfköpfe aus dem 4. Jh. v. u. Z. sind heute noch in den antiken Museen Deutschlands zu besichtigen. Eine weitere gängige Behandlung ist der Aderlass, ein Blut entziehendes Verfahren, das dazu dient, das Blut zu verdünnen, zu entstauen und zu reinigen. Selbst der Medizinprofessor C. W. Hufeland – zu seinen Patienten zählten bekanntlich Goethe, Schiller, Wieland, Herder – war davon angetan. In kritischen Situationen half diese Therapie Goethe über das Schlimmste hinweg. Februar 1823 – Goethe war gefährlich erkrankt: Atemnot, starke Herzschmerzen, alles deutet auf einen Herzinfarkt hin. Seine Ärzte Rehbein und Huschke ließen den Dichterfürsten mehrmals zur Ader und sie setzten auch Blutegel ein. Von Tag zu Tag verbessert sich sein Zustand. »Meine Genesung wird sehr langsam sein«, so Goethe, »aber den Herren Ärzten bleibt doch nichts desto weniger die Ehre, ein kleines Wunder an mir getan zu haben.« [15] Der Einsatz von Blutegeln gehört schon in der Antike zur Standardtherapie, insbesondere bei akutem Gichtanfall, Angina pectoris, Gelenkschmerzen.

Die Humoralpathologie (Säftelehre) der hippokratischen Ärzte war lange Zeit bis ins 19. Jahrhundert tonangebend. Mit der Entdeckung der Zellularpathologie 1858 durch Rudolf Virchow (1821 – 1902) ließ das Interesse der Schulmedizin an der Säftelehre nach. Nur in Naturheilpraxen von Ärzten und Heilpraktikern, auch in der Charité Berlin und vielen anderen Krankenhäusern in Deutschland, wird sie mit Erfolg praktiziert. Insbesondere werden Ausscheidungsvorgänge und Entgiftungsprozesse unterstützt. Aber auch akute und chronische Schmerzen sind heute eine Domäne für Ausleitungsverfahren. In der Antike dienen sie vorrangig dem Ziel, das richtige Maß (gr. mesotes) zwischen den im Körper herrschenden Säften und Kräften (gr. dynameis) herzustellen, ein Ausdruck für Gesundheit. [16] An verschiedenen Stellen der hippokratischen Schriften wird auf diese Erkenntnis hingewiesen. So sind zum Beispiel in den hippokratischen Aphorismen 412 Sinnsprüche in sieben Büchern zusammengefasst. Sie geben einen guten Überblick über das medizinische Grundwissen der damaligen Zeit. Die Lehrsätze, kurz und bündig formuliert, sind sowohl für die Weiterbildung der Ärzte als auch für den Laien gedacht. [17] Die Grundauffassung der griechischen Ärzte von der Gleichberechtigung verschiedener Kräfte und der Verantwortung jedes Einzelnen, die Gesundheit zu erhalten und durch eine gesunde Lebensführung zu stärken, kommt der heutigen Definition recht nahe. Gesundheit ist nicht nur ein Zustand völligen körperlichen, geistigen, seelischen und sozialen Wohlbefindens und des Fehlens von Krankheiten und Gebrechen (Definition der Weltgesundheitsorganisation - WHO), sondern ein ständiger Prozess der Auseinandersetzung des Menschen mit seiner natürlichen, sozialen und gesellschaftlichen Umwelt mit dem Bestreben der ständigen Angleichung, wobei körperlichen Übungen eine Schlüsselrolle zukommt. Gesundheit ist ein dynamischer Prozess und schließt Krankheit nicht aus. Gesundheit ist nicht naturgegeben. Man muss selbst eine Menge dafür tun, um gesund zu bleiben. Das gilt für jeden. Selbst ist der Mann und die Frau. Nicht denken: Der Doktor wird's schon richten.

Jeder dritte Deutsche gibt an – nach einer infas-Umfrage für die Bundesvereinigung deutscher Apothekerverbände – nicht zu wissen, wie man Krankheiten vermeiden kann. 30 Prozent aller Erwachsenen bewegen sich zu wenig, treiben keinen Sport. Europaweit liegt die BRD bei der Anzahl der Übergewichtigen (über 50 Prozent) mit an der Spitze. Die Folge: hohes Risiko für Hypertonie, Herz-Kreislauf-Erkrankungen, Diabetes mellitus, bis hin zum Schlaganfall und Herzinfarkt. Wie sagte doch Hippokrates: »Die Menschen werden krank, weil sie aus Torheit alles tun, um nicht gesund zu leben.« Prävention ist angesagt. Das Wort Prävention kommt aus dem Lateinischen praevenire – zuvorkommen, in dem Sinne einer Krankheit zuvorkommen. Mit dem Gesetz zur Stärkung der Gesundheitsförderung und der Prävention, das 2014 vom Bundeskabinett verabschiedet wurde, soll das Versorgungssystem in der BRD zielgerichtet umgestaltet werden. Immerhin ein Lichtblick. Derzeitig gehen circa 96 Prozent der Ausgaben des Gesundheitswesens zulasten der Behandlung bereits erkrankter Personen. Nur circa 3,3 Prozent der Mittel sind für die Vorbeugung vorgesehen. Gesundheitsexperten halten das für eine Fehlentwicklung. [18] Mit einem so niedrigen Budget lässt sich keine Trendwende zu einem gesünderen Lebensstil erreichen. Hier muss umgesteuert werden, wenn wir die Gesundheitsvorsorge ernst nehmen wollen. Wie wichtig die Prävention ist, zeigt sich allein daran, dass nach Aussage des

Robert Koch-Instituts jährlich nahezu 476.000 Menschen in Deutschland neu an Krebs erkranken. Diese hohe Zahl hängt nicht allein mit der steigenden Lebenserwartung zusammen, sondern vor allem mit einem ungesunden Lebensstil. Auch die Mehrzahl der Herzinfarkte und Schlaganfälle hat darin ihre Ursache. Es wird zu fett gegessen, viel zu viel gesessen als sich bewegt, vom täglichen Stress nicht zu reden.

Lernen wir von den Ärzten der Antike, bei denen die Gesundheit als das höchste Gut gilt. Demzufolge stellt die Diätetik das Herzstück der hippokratischen Medizin dar. Die Gesunderhaltung ist in den griechischen Stadtstaaten nicht nur eine private Angelegenheit, sondern eine gesellschaftliche. So finden wir überall moderne Übungsplätze, Bäder, Laufbahnen, Massageeinrichtungen und Trainer, die kompetent Anweisungen für das Training geben.

In weiser Voraussicht stellen die Ärzte fest, dass »der Mensch nicht einfach durch die Regelung seiner Ernährung gesund sein kann, wenn er sich nicht körperlich betätigt«. [19] Trainer und Ärzte ermitteln für die einzelne Konstitution das richtige Maß der Ernährung und die angemessene Zahl der körperlichen Anstrengungen. Sie wissen genau, »wenn das richtige Verhältnis zwischen Nahrung und Übung sich nur ein bißchen verschiebt, so muss der Körper im Laufe der Zeit vom

Übermaß des einen überwältigt werden und in Krankheit verfallen«. [20] Kluge Überlegungen schon vor über 2.000 Jahren. Was nutzen heute die vielen Reduktionsprogramme, wenn keine sportlichen Taten folgen. Die Ärzte finden weiter heraus, dass jede Krankheit eine natürliche Ursache hat, aus der sie entsteht. »Jede Krankheit hat ihre besondere Natur und Macht, und keine ist hoffnungslos, keine versagt sich einer Behandlung.« [21] Mit dieser Erkenntnis, dass Krankheiten nicht gottgewollt sind, sondern einem gesetzmäßigen Naturprozess unterliegen, haben die hippokratischen Ärzte zum ersten Mal in der Geschichte die Existenz der wissenschaftlichen Medizin nachgewiesen.

Halten wir fest. Der allgemeine Gesundheitszustand ist von verschiedenen Faktoren abhängig, vor allem:

➢ vom Stand der Produktionsweise und den Produktionsverhältnissen.

➢ von der jeweiligen Politik der herrschenden Klasse. Sie beeinflusst in starkem Maße die materiellen und sozialen Bedingungen ihrer Bürger und damit die Qualität des Bildungs- und Gesundheitssystems sowie den Lebensstandard.

➢ von den Umweltbedingungen, der geographische Lage und dem Klima, die ebenfalls Einfluss auf den Gesundheitszustand haben.

Fakt ist: Das Gesundheitssystem der BRD ist eines der teuersten der Welt. Im Jahr 2018 entstanden Kosten in Höhe von 374 Mrd. Euro. Mehr als 1 Mrd. Euro pro Tag kostet die Gesundheit in Deutschland. Und dennoch sterben die Bundesbürger früher als ihre Nachbarn in Schweden, Dänemark, Norwegen und Finnland. Wie kann man das ändern? Wie schon erwähnt, sollten mehr finanzielle Mittel für die Gesunderhaltung und Vorbeugung von Krankheiten bereitgestellt werden.

Eine bessere, verständliche massenwirksame Aufklärung für eine gesunde Lebensweise, beginnend in den Kindergärten, den Schulen, den Universitäten bis hinein in die Betriebe, ist notwendig. Dabei kommt vor allen Dingen den Hausärzten eine große Verantwortung zu – weniger Tabletten, mehr professionelle Gesundheitshinweise.

Ein weiteres Problem macht in Deutschland den niedergelassenen Ärzten zu schaffen: zunehmende Bürokratisierung der praktischen Arbeit, unter anderem durch Medikamentenbudgets, Behandlungspauschalen. Ärzte müssen mit Regressforderungen rechnen, wenn sie die Vorgaben überschreiten.

Erfreulich ist, dass man gegenwärtig versucht, viel Versäumtes im Gesundheitswesen der vergangenen Jahre nachzuholen. So ist eine Verordnung in Kraft,

nach der in den Krankenhäusern verpflichtende Unter-
grenzen für den Einsatz von Pflegepersonal für Inten-
sivstationen, Kardiologie, Geriatrie und Unfallchirurgie
festgelegt sind. Die Wartezeiten von Patienten in den
Arztpraxen sollen verkürzt werden. Ferner sind Weichen gestellt worden, den Pflegenotstand in Deutschland auf Sicht zu beseitigen.

Nach wie vor gibt es durch eine falsche Planung staat-
licherseits einen Ärztemangel auf dem Lande. Um einen
Termin beispielsweise bei einem Facharzt zu bekommen, muss man sehr viel Geduld aufbringen. Der Ärztemangel auf dem Lande könnte auf Sicht beseitigt werden, wenn man die Quote in der neuen Planung der
Medizinstudienplätze für die Studenten (ohne Bestnoten) auf mehr als die vorgesehenen 10 Prozent erhöht.
Es ist keineswegs gesagt, dass Abiturienten mit der
Bestnote 1 hervorragende Ärzte werden. »Der ärztliche
Beruf verlangt eine besonders vielfältig gestaltete Eig-
nung des einzelnen; deshalb können nur verhältnismä-
ßig Wenige berufen sein«, schreibt Medizinalrat Professor Ernst Schweninger, Leibarzt von Bismarck (1850 –
1924), ein Anhänger der hippokratischen Medizin.
»Zum Arzt ist nicht taugbar, weil er die Lehrsätze über
das Verhalten von Tatsachen auswendig gelernt hat
und die Grundsätze aller bekannten Verfahrensarten
sich eingeprägt hat.« [22] Ein guter Arzt zeichnet sich

vor allem durch Menschenliebe, Selbstlosigkeit und Charakterstärke aus. Diese Eigenschaften sind, so meine Erfahrungen aus der Dozententätigkeit, bei Schulabgängern mit der Note 2 und 3 durchaus vorhanden und dazu oft noch ausgeprägter als bei den Abiturienten mit der Note 1. Schon jetzt fallen nach einem absolvierten Medizinstudium sehr viele junge Mediziner mit Bestnoten für die medizinische Praxis aus, weil sie ganz andere Wege gehen, zum Beispiel in die Pharmaindustrie. »Je größer die Humanität«, so Medizinalrat Ernst Schweninger, »umso größer der Arzt!« [23]

Gut nenne ich, was im Einklang mit der Natur steht

Die hippokratischen Ärzte waren davon überzeugt, dass die Natur immer das Richtige weiß. Je mehr der Mensch die Naturgesetze achtet, umso besser steht es um seine Gesundheit. In einem Gespräch mit Eckermann am 11. März 1828 weist Goethe auf die produktiv machenden Kräfte hin. »Sie liegen u. a. in der Bewegung. Es liegen solche Kräfte im Wasser und ganz besonders in der Atmosphäre. Die frische Luft des freien Feldes ist der eigentliche Ort, wo wir hingehören.« [24] Auch C. W. Hufeland schreibt in seinem bekannten Werk MAKROBIOTIK, die Kunst, das menschliche Leben zu verlängern: »Hippokrates und alle damaligen Philosophen und Ärzte kennen keine anderen Mittel als Mäßigkeit, Genuss der freien und reinen Luft, Bäder, vorzüglich das tägliche Reiben des Körpers (Massagen) und Leibesübung. Auf letztere setzen sie ihr größtes Vertrauen. Es wurden eigene Methoden und Regeln bestimmt, dem Körper mannigfaltige, starke und schwache, passive und active Bewegung zu geben; es entstand eine eigene Kunst der Leibesübung, die Gymnastik, daraus, und der größte Philosoph und Gelehrte vergaß nie, daß Übung des Leibes und Übung der Seele immer im gleichen Verhältniß bleiben müsse.« [25] Die griechischen Ärzte wissen um die Ganzheitlichkeit des Menschen. Bei den Untersuchungen ihrer Patienten berücksichtigen sie die jeweilige Konstitution. Darunter verstehen sie die angeborene körperliche und geistige Verfassung unter Berücksichtigung der Lebensbedingungen – Ernährung, Bewegung, soziale Beziehungen, Umwelteinflüsse. Ganz im Sinne der hippokratischen Ärzte formulierte Goethe: »Nicht nur das Angeborene, sondern auch das Erworbene ist der Mensch.« [26] Im Gespräch mit Eckermann ergänzt er: »Wir bringen wohl Fähigkeiten mit, aber unsere Entwicklung verdanken wir tausend Einwirkungen einer großen Welt, aus der wir uns aneignen, was wir können und was uns gemäß ist.« [27]

In der heutigen allgemeinen ärztlichen Praxis ist man von dieser Erkenntnis weit entfernt. Vor lauter fachlicher Differenzierung in verschiedenen Disziplinen wird die Ganzheit des Menschen oft übersehen. Die hippokratischen Ärzte brachten es zu einer außerordentlichen Vollkommenheit. So meint Hufeland: »Diese für uns fast verschwundene Kunst den verschiedenen Naturen, Situationen und Bedürfnissen der Menschen anzupassen, und sie besonders zu dem Mittel zu gebrauchen, die innere Natur des Menschen immer in einer gehörigen Thätigkeit zu erhalten, und dadurch nicht nur Krankheitsursachen unwirksam zu machen, sondern auch selbst schon ausgebrochene Krankheiten zu heilen.« [28]

Ärzte und Philosophen der damaligen Zeit sind sich darüber im Klaren, wie Körper und Geist besonders durch körperliche Tätigkeit und Bewegung fit gehalten werden können. Dabei gilt im Sport wie auch im persönlichen Leben der Griechen das goldene Mittelmaß, oder, wie Aristoteles es nannte, die hohe Wertung des Mittleren zu beachten. Erstaunlich ist die Tatsache, dass es schon damals Versuche gab, Patienten anzuraten, bei Krankheit nicht allzu lange im Bett zu bleiben, sondern moderate Spaziergänge einzulegen, sich massieren zu lassen. »Je mehr die Krankheit abmattete, desto mehr durch Anstrengung der Muskelkräfte, diese Mattigkeit zu überwältigen.« [29] Es hat sehr lange gedauert, bis sich die heutigen Ärzte dazu entschlossen, diesem Prinzip zu folgen.

Hippokrates meint: »Denn um es ein für alle Mal zu sagen: alle Teile des Körpers, die zu einer Funktion bestimmt sind, bleiben gesund, wachsen und haben ein gutes Alter, wenn sie mit Maß gebraucht und in den Arbeiten, an die jeder Teil gewöhnt ist, geübt werden. Wenn man sie aber nicht braucht, sondern untätig läßt, neigen sie eher zu Krankheiten, nehmen nicht zu und altern vorzeitig.« [30] Besonders tauglich für die Gesundheit sind körperliche Übungen im Freien. Die

Übungsgelände, umgeben von Pinien, Platanen und Zypressen, erfreuen sich großer Beliebtheit. Die antike Schrift »Über Luft, Wasser und Örtlichkeiten« macht deutlich, welchen Einfluss die Umwelt auf die Gesundheit hat. So weist zum Beispiel Platon (427 – 347 v. u. Z.), einer der bedeutendsten griechischen Philosophen, darauf hin, dass das Meer alle Beschwerden wegwischt. Heute sprechen wir vom Reizklima, das das Immunsystem stärkt. Der Aufenthalt am Meer mit der staubfreien, mit Salz, Jod, Magnesium angereichten Luft lindert viele Krankheiten wie Bronchitis, Hautkrankheiten, Asthma. Nicht weniger gesund ist der Aufenthalt im Wald. Plinius der Ältere (23/24 – 79 u. Z.) nannte in seinem Werk »Naturalis historia« die Wälder und Bäume als das höchste Geschenk an den Menschen. Bereits in der Antike werden die Wälder nicht nur zur Holzgewinnung, sondern auch zur Erholung genutzt. Gepflanzt werden vor allem Weiden, Pappeln, Pinien und Zypressen. In den Städten gibt es Reihenpflanzungen von Waldbäumen und große Parkanlagen. Sie laden zur Entspannung ein. [31]

Die hippokratischen Ärzte sind davon überzeugt, dass körperliche Bewegungen, besonders in der freien Natur, positive Auswirkungen auf die Gesundheit haben. Heute ist der wissenschaftliche Beweis erbracht, warum die Waldluft voller Medizin ist. Zu verdanken haben wir diese Erkenntnisse vor allem Dr. Qing Li, Professor an der Nippon Medical School in Tokio. Er hat sich auf die Waldmedizin spezialisiert und nachgewiesen, dass zum Beispiel Waldbaden, in Japanisch Shinrin Yoku, so gesund ist. Japan verfügt derzeit über 62 Waldzentren, in denen Waldbaden als Therapie unter Anleitung von Ärzten praktiziert wird. Seit 1982 gibt es in Japan ein Gesundheitsprogramm für Waldbaden mit erstaunlichen Erfolgen. Die Waldluft, die wir bei einem Spaziergang einatmen, ist nicht nur reich an Sauerstoff, sondern voller Phytonzide. Darunter verstehen wir biologische Wirkstoffe, natürliche Öle, die von Pflanzen und Bäumen produziert und an den Boden und die Luft abgegeben werden. Es handelt sich um ein Abwehrsystem der Bäume, die Phytonzide absondern, um sich vor Bakterien, Insekten und Pilzen zu schützen. Die Bäume kommunizieren mittels Phytonziden untereinander. Je wärmer die Luft, umso mehr Phytonzide sind vorhanden, je mehr atmen wir Terpene ein, die in den Phytonziden enthalten sind. Besonders Kiefern, Fichten, Zedern und Pinien sondern diese ätherischen Duftstoffe, die antibakterielle Eigenschaften haben, ab. Forschungsergebnisse weisen nach, dass nach einem längeren Waldspaziergang die Anzahl der Killerzellen unseres Immunsystems (NK-Zellen) ansteigt. Diese NK-Zellen haben die Aufgabe, unerwünschte Eindringlinge, zum Beispiel Viren, Tumorzellen, anzugreifen und zu vernichten. Nach einem längeren Waldspaziergang sind diese Killerzellen noch lange Zeit aktiv. Allein dieses Wissen sollte unsere Freizeitaktivitäten ändern und zum Beispiel Joggen oder Nordic Walking, wenn es möglich ist, in den Wald verlegen. Inzwischen liegen viele Daten vor, nachzulesen bei Dr. Qing Li: »Die wertvolle Medizin des Waldes, was der Wald bewirken kann.« [32] Nach dem Joggen oder einem längeren Spaziergang im Wald fühlt man sich wie neu geboren. Hoher Blutdruck sinkt, der Puls verlangsamt sich, Stress verschwindet allmählich, der Blutzuckerspiegel spielt sich ein, man schläft endlich mal richtig wieder durch und das Immunsystem wird kostenlos gestärkt. Sagen Sie, wo gibt es eine bessere Medizin?

Schnell wie der Wind verbreitet sich international die Idee, einen Anteil der Betreuungsstunden der Kitas täglich in den Wald zu verlegen. Nicht nur die zunehmende Umweltverschmutzung in den Großstädten zwingt zu solchen Maßnahmen, nein, auch die Überlegung, dass die Waldluft an sich, wie wir gelesen haben, sehr gesund ist. Hier haben die Kinder Platz sich auszutoben, den Wald mit all seinen Überraschungen kennen zu lernen, vor allem aber das Immunsystem zu stärken. Kinder, die sich in Natur- und Waldkindergärten vergnügen und erzogen werden, sind nicht nur gesünder, sie sind auch abgehärteter als diejenigen, die nur in ihren Stadtkitas betreut werden. Vor allem machen sie auch schnellere Fortschritte in der Sprachentwicklung. Zurzeit gibt es in Deutschland über 2.000 Natur- und Waldkindergärten. Die Trendkurve zeigt steil nach oben.

Noch etwas ist den Wissenschaftlern aufgefallen. In Gegenden mit viel Wald erkranken weniger Menschen an Krebs als in unbewaldeten Regionen. Seit 2017 gibt es im Ostseebad Heringsdorf auf Usedom einen Kur- und Heilwald. Die Mischung aus Wald und Meeresluft, sauerstoffreich und staubfrei, hat eine tolle Heilwirkung. Je mehr der Mensch mit den Naturgesetzen übereinstimmt, desto größer ist die Chance, lange gesund zu bleiben.

Ich hatte in meinem Leben das große Glück, fast immer in der Nähe eines Waldes zu wohnen und darin zu trainieren. Schon als ich mit dem Laufen begann, fühlte ich mich nach wenigen Tagen weitaus besser und ruhiger. Mir war klar, die reine Waldluft, immerhin filtern die Bäume große Mengen an Schadstoffen, das Zwitschern der Vögel, das Rauschen der Blätter, der würzige Duft machen mich heiter und gelassen. Verschlug es mich privat oder dienstlich in andere Orte oder in ein Fitnessstudio, empfand ich den täglichen Lauf als nur halb so erholsam. Heute, 50 Jahre später, kann ich aus eigener Erfahrung den japanischen Wissenschaftlern beipflichten: **Waldluft ist Medizin.** »Es ist erstaunlich, wie der Geist durch körperliche Tätigkeit und Bewegung angeregt wird; dazu ringsum der Wald und die Einsamkeit und überhaupt die lautlose Stille…: das sind starke Anregungen für die Gedankenarbeit«, so Plinius der Jüngere. [33] Der Wald gehört zum Leben. Ohne Wälder kann der Mensch nicht überleben. In dem Verhältnis, wie die Wälder schrumpfen, abgeholzt werden, erwärmt sich auch das Klima. Tun wir alles, um den Wald zu schützen.

Mehr Zeit für's Leben

Die hippokratischen Ärzte kennen sich gut aus in der Anamnese, in der Kunst der Diagnose und der Prognose. Eine Therapie hat zu nützen oder zumindest nicht zu schaden (lat. primum non nocere). Die gut in Medizin und Philosophie ausgebildeten Ärzte nehmen sich viel Zeit für das Gespräch mit ihren Patienten, untersuchen sie von Kopf bis Fuß, machen regelmäßig Hausbesuche, beobachten den Verlauf der Dinge, warten ab, wie sich das Krankheitsgeschehen entwickelt, vertrauen auf die Heilkraft der Natur. Eile ist hier fehl am Platze. Drei Aufgaben stehen bei den Ärzten im Mittelpunkt ihrer Tätigkeit: Prävention – Gesunderhaltung – Heilen. Gleich in Paragraf 1 der hippokratischen Aphorismen wird festgehalten, dass das menschliche Leben von kurzer Dauer ist, die Arzneikunst hingegen sehr weitläufig, die Erfahrung ist trügerisch, die Entscheidung ist nicht immer leicht. Nicht nur der Arzt ist für die Gesundheit oder Heilung der Patienten verantwortlich, auch der Patient, seine Umgebung, die sozialen Beziehungen, der Lebensstil müssen dazu beitragen. [34] Mit anderen Worten: Ein Patient ist mit großer Sachkenntnis, mit Empathie und unter Berücksichtigung der Umstände des Patienten gewissenhaft zu behandeln.

Sprechstunde

Im Corpus Hippocraticum sind die wichtigsten Erkenntnisse der wissenschaftlichen Medizin aus verschiedenen Fachgebieten von unterschiedlichen Autoren überliefert: innere Medizin, Prognostik, Physiotherapie, Geburtshilfe, Diätetik, Anatomie, Ethik. Auch Vorschriften für operative Eingriffe sind in dieser Schriftensammlung enthalten. Operationen überlassen die hippokratischen Ärzte den dafür ausgebildeten

Chirurgen. Kleine Operationen, Behandlungen zum Beispiel in der Unfallversorgung, übernehmen die praktischen Ärzte selbst. Die Kauterisation – darunter versteht man die Nutzung des Brenneisens zur Bearbeitung von Körperteilen und Geweben – soll nach dem Eid des Hippokrates nur als Letztmittel infrage kommen. Dagegen sind Arzneien, in der Mehrzahl sind es Heilpflanzen, fester Bestandteil der Praxisarbeit. Von allen Therapien rangiert die Diätetik an erster Stelle. Sie gehört zu den wichtigsten Bestandteilen der wissenschaftlichen hippokratischen Medizin, mit der wir uns in einem gesonderten Kapitel beschäftigen werden.

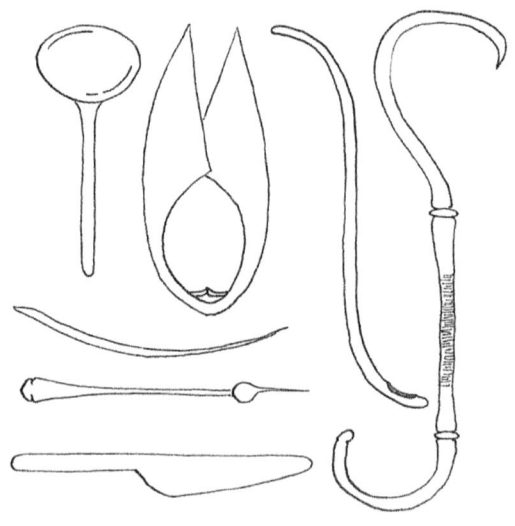

Antikes chirurgisches Besteck

Längst hat sich auch bei uns herumgesprochen: Gute Diagnostiker haben eine volle Praxis. Viel zu oft wird die richtige Diagnose erst in der Pathologie gestellt. Fehldiagnosen entstehen oft durch Denkfehler, vor allem, wenn die Ärzte unter Zeitdruck stehen. Eine Vergleichsstudie aus sechs europäischen Ländern zeigt, dass in Deutschland die kürzesten Arzt-Patienten-Gespräche stattfinden. Sie dauern nicht einmal acht Minuten (Ausnahmen bestätigen die Regel). [35] Kein Wunder, dass die Diagnosefindung erschwert wird. Oft fehlt vielen Medizinern das Know-how der Kommunikation. Manche Doktoren drücken sich so unverständlich aus, dass der Patient Schwierigkeiten hat, dem Arzt zu folgen oder überhaupt zu verstehen. 54 Prozent der Deutschen sind bei gesundheitsrelevanten Informationen schlichtweg überfordert, so eine Studie der Bielefelder Universität. [36] Die Mediziner nehmen oft Abkürzungen beim Denken vor, vor allem, wenn ihnen die Zeit im Nacken sitzt. Bei den Ärzten der Antike ist das Arzt-Patienten-Gespräch das A und O. Dabei steht nicht die Krankheit im Vordergrund, sondern der Mensch mit all seinen Merkmalen und Eigenheiten. Allein das einfühlsame Gespräch wirkt schon wie eine gute Arznei. Immer steht das Ganze im Mittelpunkt. Wir sprechen von einer ganzheitlichen Medizin, in der vor allem auch soziale, gesellschaftliche und Umweltfaktoren Berücksichtigung finden. Einen hohen Rang genießt die Prognose. Sie hat in der Antike einen höheren Stellenwert als in der jetzigen Medizin. So heißt es im hippokratischen Buch der Prognosen: »Für den Arzt ist es nach meiner Ansicht sehr wichtig, dass er die Kunst der Voraussicht übt. Denn wenn er im Beisein der Kranken von sich aus das Gegenwärtige, das Vergangene und das Zukünftige voraus erkennt und vorhersagt und wenn er genauer ausführt, was die Kranken in ihren Aussagen übergehen, dann wird man umso mehr darauf vertrauen, dass er den Zustand der Kranken erkennt, und so werden die Menschen wagen, sich dem Arzt anzuvertrauen. Auch die Behandlung wird er am besten durchführen, wenn er aus dem gegenwärtigen Leiden die zukünftigen vorhersieht. Denn alle Kranken gesund zu machen ist unmöglich. Das wäre natürlich noch besser, als das Zukünftige vorher zu erkennen. Aber die Menschen sterben nun einmal oft genug, bevor der Arzt mit seiner Kunst den Kampf gegen die Krankheit aufnehmen konnte, und zwar die einen, noch ehe sie den Arzt gerufen haben, weil die Krankheit zu stark war, die anderen, gleich nachdem sie ihn gerufen haben, nachdem sie etwa noch einen Tag gelebt haben oder auch etwas länger. Daher muss man die Natur derartiger Krankheiten erkennen und wissen, wie sehr sie der Kraft der Körper überlegen sind, außerdem aber auch, ob etwas Göttliches in den Krankheiten wirksam ist, und ihre Prognose gründlich lernen. So wird man mit Recht bewundert werden und ein guter Arzt sein. Denn man kann auch diejenigen, die die Krankheit überleben können, noch besser bewahren, wenn man sich von langer Hand alles, was kommen kann, überlegt, und man wird, wenn man vorher erkennt und voraussagt, wer sterben und wer am Leben bleiben wird, von der Verantwortung frei.« [37]

Die Prognose berücksichtigt einmal die Vorgeschichte, den gegenwärtigen Status des Patienten und die künftige Entwicklung seiner Krankheit. In diesem Prozess erkennt der Arzt die jeweilige Natur der Krankheit. Wie stark ist sie? Kann sie zum Tod führen? Wie verhält sich die Kraft des Körpers des Patienten? Der Arzt erkennt mithilfe der Prognose den genauen Verlauf einer Krankheit, er weiß im Voraus, welcher Patient überleben und welcher sterben wird. So kann der Arzt Schuldvorwürfen beim Tod des Patienten gegenüber seinen Angehörigen aus dem Weg gehen.

Ein guter Prognostiker wird mit Recht bewundert und als großer Arzt anerkannt. Das Buch der Prognosen (gr. »Prognostikon«) zeigt dem Arzt den Weg, wie er durch Beobachtung vom ersten Anblick an die weitere Entwicklung von Zeichen bei der weiteren Behandlung erkennen kann. Dabei hilft die gründliche körperliche

Untersuchung. Zeichen einer ungünstigen Prognose des bevorstehenden Todes sind Änderungen im Aussehen des Gesichts, spitze Nase, hohle Augen, Einsinken der Schläfen, blasses Gesicht. Wir sprechen von Facies hippocratica (hippokratisches Gesicht), das auf eine Beobachtung des Gesichtsausdrucks eines Schwerkranken beruht. Auch die Pulslehre liefert wertvolle Informationen über den Gesundheitszustand des Patienten. Kurz vor dem Tod verändert sich die Qualität des Pulses. Er schlägt für kurze Zeit kräftig – dann ein letztes Auflodern, um dann in einen oberflächlichen Puls überzugehen. Herophilus (330 – 250 v. u. Z.), Arzt aus Alexandria, Herausgeber mehrerer medizinischer Schriften, ist der Erste, der erkennt, dass der Pulsschlag im Zusammenhang mit dem Herzschlag einhergeht. Unregelmäßigkeiten des Pulses weisen auf bestimmte Symptome hin, die äußerlich nicht zu erkennen sind, wie zum Beispiel Herzerkrankungen, Entzündungen. [38] Dennoch bleibt die Anamnese, die Befragung des Patienten, damals wie heute neben der Untersuchung des Patienten (insbesondere Sehen, Hören, Riechen, Tasten) die Grundlage der Diagnose. Wir gehen heute davon aus, dass die Diagnose zu 55 Prozent durch die Anamnese, zu 25 Prozent durch die körperliche Untersuchung und zu 20 Prozent durch Labor- und Medizintechnik bestimmt wird. Die hippokratischen Ärzte, die auch in der

Prognostik bewandert sind, fragen den Patienten nicht nur nach seinen Beschwerden, sondern beziehen seine Lebensweise, das Klima, die Umweltverhältnisse in die Befragung ein. So lesen wir in den hippokratischen Schriften: »Wenn also jemand in eine Stadt kommt, die er nicht kennt, so muss er sich genau überlegen, wie ihre Lage zu den Winden und zum Aufgang der Sonne ist. Denn es bedeutet nicht dasselbe, ob eine Stadt nach dem Nordwind oder ob sie nach dem Südwind liegt, und auch nicht, ob sie nach Sonnenaufgang oder nach Sonnenuntergang gelegen ist. Das muss man sich so gut wie möglich überlegen; ferner wie es mit den Gewässern steht, ob die Menschen sumpfiges und weiches Wasser trinken oder hartes, das von felsigen Höhen fließt, oder salziges und schwer verdauliches. Weiter die Beschaffenheit des Bodens, ob er kahl und wasserarm ist oder dicht bewachsen und bewässert, und ob das Gelände in einer Mulde liegt und stickig ist oder hochgelegen und kalt. Und schließlich, wie die Bewohner leben, ob sie gern trinken und frühstücken und sich nichts zumuten oder ob sie Sport und körperliche Anstrengungen lieben, kräftig essen und wenig trinken.« [39] Die Ärzte sind in der Tat darauf angewiesen, da ihnen eine moderne Medizintechnik nicht zur Verfügung steht, den Patienten sehr genau zu beobachten, ihn eingehend zu befragen und seine Lebensbedingungen zu berücksichtigen. Zu fragen ist auch nach dem Schlaf. Grübelt der Patient? Wird er oft wach in der Nacht? Hat er aufgeregte Träume? Auch daraus kann der Arzt Schlüsse ziehen. Wenn Schlaf und Wachen ihr Maß überschreiten, sind beide böse, lesen wir in den hippokratischen Schriften. Für C. W. Hufeland ist »der Schlaf eine der weisesten Veranstaltungen der Natur, den beständigen reißenden Strom ihrer Lebensconsumption zu bestimmten Zeiten aufzuhalten und zu mäßigen. Er gibt gleichsam die Stationen für unsere physische und moralische Existenz, und wir erhalten dadurch die Glückseligkeit, alle Tage von Neuem geboren zu werden und jeden Morgen durch einen Zustand von Nichtsein in ein neues, erfrischtes Leben überzugehen.« [40] Zu fragen ist auch nach der Kondition des Patienten. Ist er leistungsfähig oder stark belastet? Hat er Sorgen? Alles Übermäßige verstößt gegen die Natur. Heute sprechen wir von der Life-Balance – nicht zu viel, nicht zu wenig. Im Gespräch mit dem Patienten baut sich Vertrauen auf, das die Wirkung auf die Selbstheilungskräfte nicht verfehlt. In meinem langjährigen Praxisalltag habe ich festgestellt: Je mehr der Arzt oder Heilpraktiker Mitgefühl zeigt, umso zuversichtlicher ist der Patient, dass er wieder gesund wird. Wo Arroganz und Zeitnot im Spiel sind, ist die Schlacht schon verloren, bevor sie begonnen hat. Bis in die Spätantike bleiben Anamnese, Diagnose und Prognose das wichtigste Handwerkzeug der Ärzte. Mit hohem Verantwortungsbewusstsein, getreu dem hippokratischen Eid, ist ihre Aufgabe, die Gesundheit zu stärken, den Kranken zu heilen, ärztliche Verordnungen zum Nutzen der Patienten anzuwenden und sie vor Schaden zu bewahren. Dabei gilt es, die Heilkraft der Natur (Lat. vis medicatrix naturae) – wir sprechen vom 'inneren Arzt' – zu nutzen.

Paracelsus (um 1493 – 1541), Arzt und Philosoph, von dem der Satz stammt: »Der höchste Grund der Arznei ist die Liebe!«, formulierte so: »Darum so wisset, dass ein Arzt am ersten soll wissen, wo die Natur hinaus will. Denn sie ist der erste Arzt, der Mensch ist der andere. Wo nun die Natur anfängt, da soll der Arzt weiterhelfen, auf dass es an die richtige Stelle herauskomme. Denn die Natur ist ein besserer Medikus als der Mensch; sie weiß am besten, wo es am nützlichsten ist auszugehen.« [41]

Heute wissen wir weitaus mehr über die Funktion der Selbstheilungskräfte. Wir gehen davon aus, dass der Mensch ein offenes, selbstregulierendes System ist, in dem ausgehend vom Gehirn alles getan wird, um gesund zu bleiben bzw. bei Krankheiten gegenzusteuern. Das Gehirn, das mit den Organen und Zellen in Verbindung steht, ist in der Lage, bei Erkrankungen den Regenerationsprozess einzuleiten, ganz im Sinne der antiken

Ärzte: Medicus curat, natura sanat – der Arzt behandelt, die Natur heilt. Jeder kann die Selbstheilungskräfte unterstützen, indem er zunächst auf den inneren Arzt hört. Ein Beispiel ist das Übertraining beim Sport. Man fühlt sich total zerschlagen, kann am nächsten Morgen nicht einmal krauchen. Hier rät der innere Arzt zu einer längeren Auszeit, damit der Körper sich erholen kann, um Übertraining in der Zukunft zu vermeiden. Er verweist, so wie die Ärzte voraussagten, auf den moderaten Status, nichts im Übermaß zu betreiben. Dem inneren Arzt kann man auf die Sprünge helfen, indem wir ruhig und gelassen, ohne Stress, aber mit Willensstärke den Heilungsprozess angehen. Der Parasympathikus – Teil des autonomen Nervensystems – wird so aktiviert, Acetylcholin wird freigesetzt. Dieser Neurotransmitter regt die Selbstheilungskräfte an. Stress, Hektik und Übertraining hemmen das Procedere der Selbstheilung. Mit Meditation, Ausdauersport, Selbsthypnose erreichen wir Ruhe und Entspannung – eine gute Basis für die Arbeit der Selbstheilungskräfte. Ein guter Arzt ist in der Lage, mit seiner Therapie die Selbstheilungskräfte anzuregen. Ich persönlich habe mit der Akupunktur und der Homöopathie sehr gute Erfahrung gemacht. Hat der Arzt sich für eine bestimmte Therapie entschieden, so wird sie konsequent verfolgt, es sei denn, unerwartete Symptome treten auf, die zu einem Umdenken zwingen. Abwarten ist oft die bessere Variante als hektisches Treiben. »Das Festhalten an der einmal eingeleiteten Behandlung soll den Patienten vor unnötigen Experimenten und vor einer Verunsicherung bewahren.« [42] Die Ärzte haben immer den ganzen Menschen im Blick und gehen auf die spezifischen Bedürfnisse des Patienten ein. Man spricht von einer Individualisierung der Medizin – ein Novum in der bisherigen Medizingeschichte und eine herausragende Leistung der hippokratischen Medizin. Die antiken Ärzte behandeln in der Mehrzahl Menschen ohne Unterschied »in Geschlecht, Stand und Herkunft«. [43] Die ärztliche Kunst, früher empirische Medizin, ab dem 5. Jh. v. u. Z. als wissenschaftlich-religionsferne Medizin bezeichnet, hat wie jede andere Kunst ihre Grenzen. Und so lehrte Hippokrates seine Schüler, sich zu bescheiden und sich immer der Grenzen bewusst zu werden.

Diätetik – ein Lebenselixier

Mit der Diätetik gelingt der hippokratischen Medizin ein großer Wurf, der bis heute seine Spuren hinterlässt. Diätetik kommt aus dem Griechischen diaita und bedeutet Lebensweise. Die hippokratischen Ärzte sprechen von der »Kunst der Lebensweise«. In der Ende des 5. Jh. verfassten hippokratischen Schrift »Über die Lebensführung« (lat. De victu) sind Erkenntnisse und Maßnahmen mit der Absicht zusammengefasst, die sowohl der Prävention als auch der Gesunderhaltung von Körper und Geist sowie der Heilung, insbesondere von chronischen Krankheiten, als Richtschnur dienen. Hervorgehoben wird die Aufgabe, gesunden Menschen die Gesundheit zu erhalten, die bereits in der Adelsgesellschaft für die Wohlhabenden, vor allem aber nach dem Ausbau der griechischen Stadtstaaten höchste Priorität hat. Die Gesundheit »zeigt sich als körperliche und geistige Qualität in Haltung und Aussehen der Menschen«. [44] In allen diesen Fällen ist ein gesunder Lebensstil, verbunden mit der Nutzung der Selbstheilungskräfte, Grundlage der Gesundheit bzw. ihrer Wiederherstellung. In diesen Prozess sind neben den Ärzten auch die Patienten gleichermaßen einbezogen. Der Arzt muss wissen und erkennen, »wie sich der Mensch zu Essen und Trinken und den anderen Lebensbedingungen verhält und wie jeder Einfluss auf jeden einzelnen einwirkt«. [45] Hippokrates fordert eine gesundheitsgemäße Lebensführung. Nur durch eine gefestigte Gesundheit ist der Mensch in der Lage, den Widrigkeiten des Lebens in den meisten Fällen zu widerstehen. Das gelingt nicht in jedem Fall, zum Beispiel bei Infektionskrankheiten, Krebs, Seuchen, weil die Übertragungswege damals nicht bekannt waren und entsprechende Medikamente noch nicht entdeckt worden sind. Eine stabile Gesundheit ist eine sichere Bank, um gesund alt zu werden, da natürlich bedingte physiologische Alterungsprozesse, wie ich aus eigener Erfahrung weiß, verlangsamt werden können. Mit der Regelung der Lebensweise wird es den hippokratischen Ärzten möglich, regulierend in den jeweiligen Körperprozess einzugreifen. Erste Überlegungen zu diesem Thema wurden von Herodikos von Selymbria (5./4. Jh. v. u. Z.) angestellt. Er arbeitete als Turnlehrer in Athen und verwandte eine aus der Gymnastik abgeleitete Diät. [46] Sehr detailliert werden im 2. Kapitel des Buches »Über die Lebensführung« Faktoren untersucht, die Einfluss auf wichtige Lebensbereiche haben und dafür sorgen, dass ein ausgewogenes Mischungsverhältnis der Körpersäfte erreicht wird. In der richtigen Balance bleibt man nach Ansicht der hippokratischen Medizin gesund. Dazu zählen unter anderem das Klima, die geographische

Lage, körperliche Bewegung, Ruhezeiten, Speisen, Getränke. Besondere Aufmerksamkeit gilt dem richtigen Verhältnis zwischen der Ernährung und körperlichen Anstrengungen – ein Satz, den wir uns merken sollten. Die in der hippokratischen Schrift genannten Überlegungen finden wir Jahrhunderte später mit leichten Abänderungen in Galen's Schrift: »Ars medicinalis« wieder. [47] Galen (129 – ca. 210 u. Z.), einer der produktivsten Ärzte der Antike, ein großer Verehrer des Hippokrates, praktizierte als griechischer Arzt in Rom. Galen war hoch gebildet, vernetzt in den höchsten Gesellschaftskreisen Roms und verfasste mehrere Medizinschriften. Angetan war er besonders von der griechischen Diätetik. Galen präzisierte die Lebensbereiche, die unabdingbar für die Erhaltung der Menschen sind. Er nennt sie die »sex non res naturalis« (sechs nicht natürliche Dinge). So wie in der hippokratischen Schrift stehen an erster Stelle:

- Licht, Luft (klimatische Faktoren)
- Speisen – Getränke
- Bewegung – Ruhe
- Schlafen – Wachen
- Füllung – Entleerung, einschließlich Sexualverhalten und Hygiene
- Anregungen des Gemüts (Gemütsbewegungen)

Besonders hohen Wert legt Galen nicht nur auf die regelmäßige körperliche Bewegung, sondern auch auf eine gute psychische Verfassung. Wir sprechen heute von Resilienz, mit der die innere Stärke bezeichnet wird, um mit Misserfolgen, Krankheiten und Stress fertig zu werden. Nach einem Spiegelbericht entdeckten Altertumsforscher eine bis dahin unbekannte wissenschaftliche Ausarbeitung Galen's mit der Überschrift »Stress vermeiden« mit exakten Anweisungen zur Stressbewältigung. [48] Galen fasste das gesamte hippokratische Wissen der Antike sowie alle medizinischen Schriften in einem Gesamtwerk zusammen. Das diente der Aus- und Weiterbildung junger Ärzte und wirkt bis in die Neuzeit. C. W. Hufeland bezieht sich in seinem Werk MAKROBIOTIK ebenfalls auf diese wichtigen Lebensbereiche:

- Genuss der frischen Luft
- Körperliche Bewegung
- Gute Diät und Tätigkeit in Essen und Trinken
- Gesunder Schlaf
- Angenehme und mäßig genossene Sinnes- und Gefühlsreize

Die Anwendung dieser Regeln der Lebensweise unter Beachtung verschiedener Konstitutionen, Temperamente und Lebensarten der Menschen ist für ein langes Leben eminent wichtig. [49] Besonders die körperliche

Bewegung hat es Hufeland angetan. Er beginnt seine Ausführungen mit einem Zitat des Preußenkönigs Friedrich des Großen: »Wenn ich das Physische des Menschen betrachte, so kommt es mir vor, als hätte uns die Natur mehr zu Postillons als zu sitzenden Gelehrten geschaffen.« [50] Welch ein kluger Satz vom Alten Fritz. Heute weiß jedes Kind, dass langes Sitzen ähnliche Folgen hat wie Rauchen. Langes Sitzen verkürzt das Leben. Wer täglich mehr als sechs Stunden am Tag in ständigem Sitzen verbringt, hat eine um 20 Prozent höhere Sterberate, so Untersuchungen amerikanischer Wissenschaftler (Louisiana) in der Pennington Studie. Mangelnde Aktivität führt zu Herz-Kreislauf-Erkrankungen, einer ungenügenden Sauerstoffversorgung der Körperzellen, Abbau der Muskeln und Gelenkschmerzen. [51] Schon in den hippokratischen Schriften im Kapitel »Über die Umwelt« wird am Beispiel der Skythen – man nennt sie auch Nomaden, da sie keinen festen Wohnsitz haben und ständig mit Pferd und Wagen auf Achse sind – nachgewiesen, welche negativen Folgen das Sitzen hat. Gehen war für die Skythen ein Fremdwort. Schon die Knaben verbringen, solange sie noch nicht reiten können, den ganzen Tag in sitzender Tätigkeit. So erwerben sie ein breites Gesäß für die späteren Ausritte zu Pferde. Wenn die Jungen erwachsen sind, spielt sich ihr Leben ausschließlich auf dem Rücken der

Pferde ab – bei Wind und Wetter. Es ist ein Rütteln und Schütteln beim Reiten, sodass sie auf Dauer nicht mehr fähig zum Geschlechtsverkehr sind. Viele Skythen werden impotent. Daraus resultiert letzten Endes die Kinderarmut. [52]

Hufeland ist davon überzeugt, dass vor allem die körperlichen und geistigen Kräfte ständig trainiert werden müssen, um gesund zu bleiben. Seine These lautet: »Ich halte es daher für eine unumgänglich nöthige Bedingung zum langen Leben, sich täglich wenigstens eine Stunde Bewegung im Freien zu machen. Aber die Bewegungen dürfen auch nicht zu heftig seyn, wenn sie auf die Gesundheit und die Verlängerung des Lebens wohlthätig wirken sollen.« [53] Ganz im Sinne von Hippokrates: »Übung stärkt, Untätigkeit zehrt.« Aber alles mit Maß! Übertreibungen jeder Art sehen die Ärzte als Schwächung der Gesundheit an. »Wenn nämlich die Übungen möglichst weit ausgedehnt werden, so zerstören sie die Kraft.« [54] Hippokrates empfiehlt sowohl den Amateuren als auch den Athleten, »ein gesundes Maß zu finden, das weder dem Körper schadet noch die Kondition mindert«. [55] Viele antike Spitzensportler schlagen die gut gemeinten Ratschläge in den Wind. Wie heute sind übertriebener Ehrgeiz, die Sucht nach viel Geld, nach Ruhm oft stärker als die Erhaltung und die Sorge um die Gesundheit. So kritisiert Galen:

»Niemand habe hinsichtlich der Gesundheit einen elenderen Zustand als die Athleten.« [56] Wie heute ist schon damals das Training oft überzogen, wir sprechen von Übertraining. So schreibt Galen: »Auf eine Hochleistung folgt der Zusammenbruch, nur wenige Athleten erreichen ein hohes Lebensalter.« [57]

Während ich diese Worte schreibe, erreicht mich die Meldung von dpa, dass die russische Hürden- und Flachsprinterin Margarita Plawunowa, 25 Jahre alt, bei einem Trainingslauf zusammengebrochen und gestorben ist. Mir fallen ad hoc auch nur wenige Namen von Athleten ein, die die 90er Altersgrenze überschritten haben. Max Schmeling, Boxweltmeister im Schwergewicht, wurde 99 Jahre alt, Elly Beinhorn, eine berühmte Fliegerin, 100 Jahre. Der ehemalige Olympiasieger von 1936, US-Schwimmer Adolph Kiefer – er holte als 18-Jähriger in Berlin Gold in 100 Meter Rücken – verstarb kürzlich mit 98 Jahren. Der älteste Sprinter der Welt, der Japaner Hidekichi Miyazaki, lief noch mit 105 Jahren die 100 Meter in 42,22 Sek. Es folgt Emil Zatopek, ein tschechischer Langstreckenläufer. Er wurde nur 78 Jahre alt. Von ihm stammt der Spruch: »Vogel fliegt, Fisch schwimmt, Mensch läuft.« Alain Mimoun, französischer Langstreckenläufer, Olympiasieger im Marathon 1956 in Melbourne, erreichte ein Alter von 92. Täve Schur, ein berühmter DDR-Radrennfahrer, lebt heute noch und ist über 89 Jahre alt. Der Boxer Wolfgang Behrendt, erster Olympiasieger der DDR 1956 in Melbourne, hat ein Alter von 83 Jahren und ist wohlauf.

Ein Vorbild hinsichtlich modernen Trainings ist Johann Wolfgang von Goethe, dem sein Leibarzt C. W. Hufeland als beste Arznei Bewegung angeraten hat. Wohin der Dichter auch reiste – Rom, Karlsbad, Ilmenau – immer verbindet er seine wissenschaftlichen Studien mit langen Spaziergängen, Bergbesteigungen. Am 30. April 1812 reist Goethe wieder zur Kur nach Karlsbad und bleibt bis zum 12. August. In seinem Tagebuch vom 1. Juni lesen wir: »Am Brunnen. Gegen Mittag nach der Carlsbrücke. Mittag unter uns... Nachmittags spazieren nach der Carlsbrücke. Abends Meiners, Sandsteppen und Verwitterung des Granits.« [58] Selbst im hohen Alter spazierte er täglich nach Feierabend an der Ilm entlang. Langes Sitzen hasste er wie der Teufel das Weihwasser.

Es ist immer wieder interessant, in alten Schriften zu lesen, mit welcher Selbstverständlichkeit die griechischen freien Bürger, die es sich leisten können, täglich ihr Sportpensum moderat in den Gymnasien (öffentlichen Übungsstätten) absolvieren. An die Athleten, angeregt durch die olympischen Spiele – sie betreiben den Leistungssport professionell – werden dagegen höchste Anforderungen gestellt, vor allem an den Fünfkampf (gr. Pentathlon), der 708 v. u. Z. in das olympische Programm aufgenommen wurde. Dabei müssen nacheinander die Disziplinen Diskuswerfen, Weitsprung, Speerwerfen, Laufen, Ringkämpfe bewältigt werden.

Athlet beim Training – Diskuswerfer

Oft schießen die Berufsathleten mit dem Training und den Wettkämpfen über das Ziel hinaus, fördern dadurch Übertraining, Krankheiten und den vorzeitigen Tod. Heute wissen wir, dass zum Beispiel die stark gefragten und kommerziell vermarkteten Marathonläufe so rein gar nichts mit der hippokratischen Forderung nach moderatem Sport zu tun haben. Forschungsergebnisse weisen darauf hin, dass bei Überforderungen von Läufern Herzrhythmusstörungen entstehen können. Das American Journal of Kidney Diseases veröffentlichte eine Studie der Yale University und weist nach, dass ein Marathonlauf die Gesundheit schwer belasten kann. Die Wissenschaftler untersuchten Läufer des Hartford-Marathons 2015. Ergebnis: Bei vier von fünf Läufern wurden Zeichen für akutes Nierenversagen diagnostiziert. »Die Niere reagiert auf physischen Stress, als ob sie verletzt sei«, so die Forscher. »Die Nieren erholten sich zwar innerhalb von zwei Tagen wieder, dennoch besteht ein Risiko zu erkranken.« [59] Der amerikanische Arzt und Anti-Aging-Experte Dr. M. F. Roizen und sein Kollege, der Herzchirurg Prof. Dr. M. C. Oz, antworten auf die Frage 'Ist Marathon gesund?' wie folgt: »Auch wenn wir die Leistung von Marathonläufern bewundern, können wir die Schinderei für einen 42,195-km-Lauf unter Gesundheitsaspekten nicht gutheißen. Die ständige Erschütterung der Gelenke erhöht das Risiko, Gelenkprobleme und Arthrose zu bekommen. Ungefähr bei Kilometer 30 beginnt der Körper, von den Proteinen in den eigenen Muskeln zu zehren.« [60] Das Institut für Sportwissenschaften der Universität Tübingen veröffentlichte eine Studie über den Leistungsdruck von Spitzensportlern. Danach ist jeder zweite befragte Leistungssportler durch extreme Anforderungen immer wieder ausgebrannt und kraftlos. Extreme Belastungen führen zu Schlafstörungen, Depressionen. Studien der deutschen Sporthochschule Köln (DSHS) besagen, dass die Spitzensportler neben Training und Wettkämpfen kaum Zeit für soziale Kontakte zu anderen Menschen haben. [61]

Rangmäßig sind die Trainer in der Antike den Ärzten gleichgestellt. Mittels der Trainingslehre machen sie die Sportler »tauglich« und »kräftig«, wobei unterschiedliche Konstitutionen und Ernährungsrichtlinien in Übereinstimmung gebracht werden, denn Laufen und Schwimmen erfordern eine andere Kost als ein besinnlicher Spaziergang. Ohne Beachtung dieser Zusammenhänge kann es auf Dauer zu gesundheitlichen Störungen kommen. Heute wissen wir zum Beispiel, dass Untergewicht für die Gesundheit gefährlicher ist als Übergewicht. Menschen mit einem Body Mass Index (BMI) von 18,5 haben ein um 20 Prozent höheres Herzinfarkt- und Schlaganfallrisiko als Übergewichtige, deren Risiko bei 15 Prozent liegt, so eine Untersuchung südkoreanischer Wissenschaftler. [62] Eine Ursache für krankmachende Einflüsse bei Untergewichtigen ist die Tatsache, dass durch Muskelschwund eine geringere Muskelmasse vorhanden ist und so weniger Krankheitsstoffe abgebaut werden können. Die Trainer achten vor allem auf die richtige Balance zwischen den körperlichen Anstrengungen und dem Ausruhen. Nur so wird Erschöpfung vermieden und die Kondition gehalten. Nach den Körperübungen wird in der Regel ein Dampfbad genommen. Man schwitzt und steigt anschließend in das kalte Wasser – ein toller Gesundheitseffekt. Bis in die Neuzeit hat sich diese Prozedur bewährt. Die Sauna ist heute aus unserem Leben nicht mehr wegzudenken. Sie ist eine Reiztherapie, die dem Körper guttut. Er wird erhitzt, wir kommen ins Schwitzen, dann die kalte Dusche, gut für die Durchblutung, das Herz-Kreislauf-System wird stimuliert, Gesundheitsprozesse werden gefördert, die für das Immunsystem so wichtigen Killerzellen (NK-Zellen) bringen sich in Stellung. Ohne diesen Zusammenhang im Einzelnen zu kennen, nutzen die hippokratischen Ärzte diese Reiztherapie, um die Selbstheilungskräfte zu stärken.

Sebastian Kneipp (1821 – 1897), Pfarrer und Naturheiler in Wörishofen, Begründer der Hydrotherapie, hat ganz im Sinne von Hippokrates mit sanften Güssen, Waschungen, Wassertreten, Bewegung und gesunder Ernährung ein Gesundheitskonzept entwickelt, das heute noch aktuell ist. Er nannte seine Therapie die Fünf-Säulen-Therapie, die vor allem darauf gerichtet ist, die Selbstheilungskräfte zu stärken. Bad Wörishofen, im

Allgäu gelegen, ist heute das Zentrum der Kneipp-Therapie, ein entzückender Ort, um wieder gesund zu werden.

Auch die Körperpflege ist Teil der Diätetik und wird von den Griechen hochgeschätzt. Einmal am Tag geht's ins Bad. Man erfreut sich an Warm- und Kaltbädern und Massagen. Bei den Frauen ist besonders die Schönheitspflege beliebt, bei der vor allem eine »naturgemäße Schönheit erreicht werden soll«. [63] Neben den vielen Duftstoffen und Cremesorten aus Oliven, Mandeln für eine schöne sanfte Haut, liebt man den Aufenthalt an der frischen Luft, besonders am Meer, in den Wäldern und Parkanlagen. Frisches Aussehen, verbunden mit Gesundheit und Schönheit, bleibt nicht aus. Dazu sind die griechischen Mädchen und Frauen noch einfach, praktisch und hübsch gekleidet. Sie tragen ein langes Unterkleid (Chiton) mit oder ohne Ärmel, darüber ein Gewand in Form eines viereckigen Tuches, das über die rechte Schulter gelegt wird. Es ähnelt einer römischen Toga. Die Gewänder glänzen in Weiß oder farbig.

Neben der regelmäßigen körperlichen Bewegung wird in den hippokratischen Schriften »die Ernährung nach Jahreszeiten, Alter, körperlicher Betätigung und Gesundheitszustand unterschieden«. [64] Die Ernährungslehre gehört zur Diätetik und ist eine wichtige Komponente der Therapie. Aus heutiger Sicht waren die Griechen im Essen und Trinken mehr als bescheiden. Die Mehrheit begnügte sich mit einer Mahlzeit, der Hauptmahlzeit bei Sonnenuntergang. Auch im Essen und Trinken gilt die bekannte Regel: Alles in Maßen. Die einfache Ernährung ist die gesündeste. Heute unterstreichen die wissenschaftlichen Erkenntnisse die Richtigkeit der hippokratischen Ernährungslehre. Weniger essen ist nicht nur zum Vorteil für die Gesundheit, sondern führt auch zu einem längeren Leben – kein Wunder, dass Fastenkuren heute beliebt sind, insbesondere das Intervallfasten, bei dem ein 16-stündiger Nahrungsstopp eingelegt wird. In dieser Zeit erfolgt eine umfassende Zellregeneration, verbunden mit der Stärkung des Immunsystems. »Der Wissenschaftler James Mitchell aus Boston beschreibt die positiven Effekte von kalorisch reduzierter Ernährung auf Ratten und Mäuse, die durchweg länger lebten und weniger Krankheiten aufwiesen als 'normal' ernährte Tiere. Auch die Proteinreduktion in der Ernährung scheint nachhaltige Vorteile zu haben.« [65] Die hippokratischen Ärzte kommen zu dem Schluss, »dass nämlich schwere Nahrung den Menschen am meisten und am offensichtlichsten schädigt. Sei er nun gesund oder krank«. [66] Die Ärzte wiesen nach, dass sowohl Überernährung als auch Unterernährung schädlich sind, »denn die Kraft des Hungers hat der menschlichen Natur gegenüber gewaltige

Macht, zu schwächen, krank zu machen und sogar zu töten«. [67] Für Gesunde und Kranke sind unterschiedliche Diäten vorgesehen. So wird dem kranken Patienten eine leichtere Kost empfohlen, wie zum Beispiel Schleimsuppe, denn schwere Nahrung ist für Kranke sehr gefährlich. Die Grundlage der Ernährung in der Antike sind Getreide (Weizenbrot, Gerstenfladen), Olivenöl, Käse, Nüsse, Hülsenfrüchte, Gemüse (Zwiebeln, Kohl, Rettich). Gefragt sind vor allem tierische Nahrungsmittel wie Wild, Schwein und Geflügel. Wer gut verdient, konnte sich Schweinefleisch leisten, das relativ teuer ist. Gewürzt wurde mit Salz oder scharfer Fischsoße, als Hausgetränk gab es Wasser mit Wein gemischt.

Werfen wir einen Blick auf eine Hauptmahlzeit, die wie gesagt nach Sonnenuntergang eingenommen wird. Auf den Tisch kommen Geflügel oder Schweinefleisch. Auch Fisch, geräuchert und gebraten oder gesalzen, wird gern gegessen. Die Auswahl richtete sich allerdings für die breite Masse der Bevölkerung nach dem, was man an Grundnahrungsmitteln vorfand. Obst und Gemüse waren wegen des Klimas reichlich vorhanden – Äpfel, Birnen, Feigen, Trauben, Quitten, Kirschen, Nüsse. Eine wichtige Rolle spielt das Olivenöl, auch das Sesamöl, nicht nur als Nahrungsmittel, sondern auch als Massagemittel bei den Sportlern. Die Ernährung in

70

der Antike sieht auf den ersten Blick sehr einseitig aus, doch im Grunde war sie gesund. Zwischen der Hauptmahlzeit nach Sonnenuntergang und dem Frühstück lagen mehr als 12 Stunden. Es blieb genügend Zeit für die Regeneration des Körpers. Täglicher Verzehr von Olivenöl und viel Obst und Gemüse sind in der Tat, wie wir heute wissen, ausgesprochene Gesundmacher. Schweinefleisch wurde aus Kostengründen relativ wenig verzehrt, dafür mehr Fisch und Geflügel. Das Lebensmittelangebot stammt in der Mehrheit aus der Umgebung. Glyphosat und andere chemische Unkrautvernichtungsmittel blieben den Bürgern in der Antike erspart. Fazit: Es gab in der Antike weitaus weniger übergewichtige Menschen als heute. Im Durchschnitt waren die Menschen schlank. Wenn sie es sich leisten konnten, trieben sie täglich Sport, waren körperlich und geistig fit, sahen gut aus und waren auch keine Kostverächter. Die Griechen, sehr gastfreundlich von Natur, liebten gutes Essen und Trinken in der Familie, im Freundeskreis.

Summa summarum – die Ernährung in der Antike baut auf drei Grundnährstoffen auf: Eiweiß, Kohlenhydrate, Fette. Heute haben Ernährungswissenschaftler ermittelt, dass diese Bestandteile in einem ausgewogenen Verhältnis zusammengesetzt sein sollten, um sich gesund zu erhalten. Sie schlagen vor: Eiweiß 15 Prozent,

Kohlehydrate 55 Prozent, Fette 30 Prozent. Das entspricht nach Angaben der Deutschen Gesellschaft für Ernährung einem Energiebedarf von 2.000 kcal/d. Je nach Alter oder Tätigkeit schwankt der Energiebedarf. Diese Relation in der Nahrungszusammensetzung, besonders eine geringe Proteinzufuhr, kann das Leben verlängern. Die beiden Ernährungswissenschaftler Paul Jaminet und seine Frau Shou-Ching Jaminet empfehlen allerdings, wenn regelmäßig Sport getrieben wird, zum Muskelaufbau die intermittierende Methode zu versuchen. »Konsumieren Sie«, so schreiben die Wissenschaftler, »nach Workouts mehr Protein und reduzieren Sie die Proteinaufnahme an Ruhetagen.« [68]

Natürlich dürfen Vitamine und Mineralstoffe nicht fehlen. Die Nahrung der Antike hatte den Vorteil, dass sie naturgemäß ohne chemische Zusätze auskommt. Der Nachteil: Die Menschen hatten oft keine allzu große Auswahl. Sie ernährten sich von dem, was gerade im Angebot vorhanden war. Die Grundforderung der hippokratischen Ärzte zur Erreichung einer guten Gesundheit ist der richtige Ausgleich zwischen Ernährung und Anstrengung. Eine These, die wir uns merken sollten: Die Vielzahl der heutigen Diäten kann man getrost vergessen, wenn die hippokratische Regel nicht beachtet wird.

Wie richtig diese Erkenntnisse sind, zeigt die Gegenwart. Wissenschaftler haben herausgefunden, dass falsche Ernährung für 70 Prozent der chronischen Erkrankungen mit zunehmendem Alter verantwortlich ist. [69] Hippokrates schreibt: »Weder Sättigung noch Fasten noch irgendetwas anderes ist gut, wenn es über die Norm hinausgeht... Mehr Nahrung als die Konstitution erträgt, verursacht Krankheit. Die Behandlung zeigt es.« [70]

Heute wissen wir, welchen Einfluss eine richtige Ernährung auf die Stimulation der Selbstheilungskräfte hat, welche Nahrung gesundheitsfördernd, welche Speisen bei dieser oder jener Erkrankung besonders nützlich sind. Der Spiegel hat in diesem Zusammenhang einen wissenswerten Beitrag über die Forschungsergebnisse des Immunologen Ruslan Medzhitov von der Yale University veröffentlicht, in dem festgestellt wird, wenn Viren bei einer Krankheit im Spiel sind, zum Beispiel bei Schnupfen, hat sich eine Vollwertkost, die einen hohen Anteil an Traubenzucker enthält, bewährt, damit die Körperzellen genügend Power erhalten, die Viren zu bekämpfen. Bei bakteriellen Infekten, meistens mit Fieber verbunden, ist das Gegenteil angesagt, denn mit Bakterien infizierte Zellen, die zu viel Zucker bekommen, entwickeln giftige Sauerstoffradikale, die eine Bekämpfung der Bakterien erschweren.

Darum, so die Wissenschaftler: »Schnupfen füttern, das Fieber aushungern.« [71]

Wie recht hatten doch die Ärzte in der Antike. »Wenn eine Krankheit sehr hitzig und bösartig ist, so hat sie gleich die schlimmsten Zufälle bey sich, und dann muß man die dünnsten und am leichtesten zu verdauenden Nahrungsmittel anraten; wenn aber die Krankheit gelinder ist, und eine gröbere Kost zuläßt, so muß man doch nur in dem Verhältniß statt der weichen Speise die grobe geben, in welchem die Krankheit selbst von der Beschaffenheit der hitzigen abweicht.« [72] Das sind doch kluge Erkenntnisse, die auch heute noch nach über 2.000 Jahren ihre Gültigkeit haben.

Hauptursachen für die Krankheiten sahen die Ärzte der Antike in einem unzweckmäßigen Lebensstil, einer falschen Ernährung, fehlendem körperlichen Training. Die ungesunde Lebensweise hinterlässt ihre Spuren. Deshalb gehören Fragen der gesunden Lebensführung an den Beginn jeder Therapie, wobei neben den Kranken vor allem die Gesunden in das Behandlungssystem einbezogen werden sollten, denn Zweck der Heilkunst ist die Gesundheit, die eine ganzheitliche Sicht erfordert. Darüber nachzudenken und dementsprechend zu handeln würde vielen Patienten Schmerz und Leid und Operationen ersparen. Wir haben in Deutschland tolle Ärzte, gut ausgebildet, die leider keine optimalen

Rahmenbedingungen haben, um ein solches Gesundheitsprogramm zu garantieren. Im September 2019 veröffentlichte der Stern, engagiert und mutig zugleich, einen bemerkenswerten Bericht über die Situation in
unserem Gesundheitswesen unter dem Titel »Krank –
die Logik der Ökonomie verdrängt das Ethos der Heilkunst«. Der Stern interviewte mehr als 100 Mediziner
aus ganz Deutschland. Was wir hier erfahren, steht dia-
metral zum hippokratischen Eid, der einen hohen ethischen Anspruch an die Ärzte stellt. Haarscharf schil-
dern Mediziner die Misere, die fast jeder Patient im
Krankenhaus kennt, das Diktat der Ökonomie: »Viele
Ärzte erleben dramatische Missstände«, so der Stern.
»In den Gesprächen wirken die Ärzte getrieben von der
ständigen Sorge, dass sie die Sicherheit ihrer Patienten
nur mit Mühe, wenn überhaupt, gewährleisten können.« [74] Eine Hautpursache ist das gegenwärtige Ab-
rechnungssystem nach der »Fallpauschale«. Diagnosen
werden in Fachgruppen zusammengefasst und pau-
schal vergütet. Nach dem Motto: Je höher der Aufwand,
zum Beispiel anstelle einer normalen Therapie, desto
höher die Einnahmen. Prof. Dr. med. Ingeborg Kräge-
loh-Mann, Präsidentin der Deutschen Gesellschaft für
Kinder- und Jugendmedizin, äußert sich dazu im Stern:
»Es ist ein Grundfehler im System, dass nur die Diagnose betrachtet wird, nicht der Patient in seiner

Gesamtsituation… Wir stehen im Konflikt zwischen unserem ethischen Anspruch, dem hippokratischen Eid – und dem Alltag, in dem plötzlich ökonomische Ansprüche schlagend sein sollen.« [75]

In dem Ärzteappell heißt es: »Es ist fahrlässig, Krankenhäuser und damit das Schicksal von Patienten und Patientinnen den Gesetzen des freien Marktes zu überlassen. Niemand würde fordern, dass die Polizei oder Feuerwehr schwarze Nullen oder Profite erwirtschaften müssen.« [76] Wenn die Ökonomie der Medizin diktiert, wenn wirtschaftliche Interessen in Krankenhäusern, Arztpraxen, in der Politik dominieren, bleibt die Menschlichkeit auf der Strecke. Wie sagte doch Bismarcks Leibarzt Prof. Ernst Schweninger: »Die Fähigkeit, Arzt sein zu können, schöpft sich nur aus der Humanität… Als Arzt habe ich die Pflicht, das Interesse meines Kranken zu wahren, weiter habe ich als Arzt keine Pflichten.« [77]

Kommen wir nun zum Schlaf. Neben Sport, Ernährung ein gleichgewichtiger Faktor für ein langes Leben. Prof. Dr. Walker, Schlafforscher an der University of California, zählt den Schlaf zu diesem »gesundheitsrelevanten Dreigestirn«. [78] Im Corpus Hippocraticum wird dem Schlaf schon in der Antike große Aufmerksamkeit geschenkt. So lesen wir in den hippokratischen Schriften: »Zu fragen ist aber auch nach dem Schlaf, ob er geschlafen hat oder nicht, wie es sich bei ihm gewöhnlich mit Schlaf und Schlaflosigkeit verhält und ob er vielleicht irgendwelche Visionen oder Träume hat, da der Arzt auch aus diesen Gegebenheiten Schlüsse ziehen kann. Es ist nun nicht möglich, alles in allen Einzelheiten zu verzeichnen, sondern nur so viel, dass es den Sachverhalt in seinem Wesen deutlich macht und den Arzt daran erinnert, nichts von solchen Dingen auszulassen.« [79] Die Ärzte waren sich darüber im Klaren, dass ohne ausreichenden Schlaf keine optimale Funktionsfähigkeit des Körpers möglich ist. Es gab genaue Erkenntnisse darüber, wie viel Schlaf gesund ist. So heißt es in den Aphorismen: »Widernatürlich langer und tiefer Schlaf und übermäßig langes Wachen ist beydes von üblen Folgen.« [80] Ein gesunder Schlaf von sieben bis acht Stunden täglich ist auch in der Antike das Normale und Gesunde. Alles, was das natürliche Maß überschreitet, ist von Übel.

Heute wissen wir eine Menge mehr über den Schlaf, aber immer noch nicht alles. 25 Prozent der Deutschen schlafen pro Nacht durchschnittlich nur sechs Stunden, 9 Prozent kommen nur auf bis zu fünf Stunden. Damit gefährden sie auf lange Sicht ihre Gesundheit und provozieren eine geringere Lebenserwartung. »Wir wissen seit diesem Jahr«, so Prof. Dr. Ingo Fietze, Leiter des Interdisziplinären Schlafmedizinischen Zentrums der

Charité Berlin, »dass mehr als 10 Jahre zu kurzer oder zu schlechter Schlaf an die Lebenserwartung geht. Denn in ruhelosen Nächten schüttet der Körper vermehrt Stresshormone aus, die unter anderem das Herz-Kreis-lauf-System belasten. Weitere langfristige Folgen drohen den Schlaflosen: Übergewicht, Bluthochdruck oder psychische Erkrankungen.« [81] Es bestehen aber auch weitere Gefahren, zum Beispiel im Straßenverkehr. Hier sterben mehr Menschen infolge von Schlafmangel als durch Alkohol. Jeder sechste Unfalltote geht auf die Kraftfahrer zurück, die hinter dem Steuer eingeschlafen sind.

Auch nicht zu übersehen sind die Auswirkungen der Nutzung von digitalen Medien auf die Gesundheit. Heute schon werden täglich 180 Minuten Smartphones genutzt. Wie sieht denn der Abend vieler Mitbürger aus? Die meisten sind, wenn sie die Arbeit hinter sich gelassen haben, von der anstrengenden Tätigkeit im Büro oder in der Fabrik gestresst. Anstatt zu Hause Dehnübungen, Muskelübungen oder einen langen Spaziergang zu absolvieren, werden Fernseher, Tablets, Smartphones oder der Computer eingeschaltet. Eine Flut von Informationen strömt auf den Einzelnen ein, ohne sie alle mit vollem Bewusstsein zu verarbeiten. Ein guter Teil von ihnen wird erst im Schlaf analysiert. Das hat natürlich Folgen für das gesunde Durchschlafen, weil auch diese nächtlichen Informationen Stress auslösen können. Dennoch wünsche ich Ihnen allesamt einen guten Schlaf, weniger Stress, mehr Bewegung, gesunde Ernährung, Lust aufs Leben. Denken Sie aber auch an das Sterberisiko, das ebenfalls steigt, wenn die Schlafdauer über neun Stunden ausgedehnt wird.

Zu den weiteren sechs nicht natürlichen Dingen gehören Füllung und Entleerung, Sexualverhalten und Hygiene, die einer besonderen Aufmerksamkeit bedürfen. Ohne die sorgfältige Fürsorge mithilfe der Diätetik kann der Körper nicht funktionieren. Aus eigener Erfahrung weiß ich, dass eine normale Verdauung mit regelmäßigem Stuhlgang ein wichtiger Hinweis für eine gute Gesundheit ist. Darauf achteten auch die hippokratischen Ärzte bei der Untersuchung ihrer Patienten. Der Darm spielt in der antiken Medizin eine wichtige Rolle, zum einen wegen häufiger Erkrankungen, zum anderen als Passage für Arzneien und die regelmäßige Reinigung als Voraussetzung für die Gesundheit. [82] Das geht natürlich nicht ohne ausreichende körperliche Bewegung. Und so empfahlen die Ärzte ihren Patienten, vor Sonnenaufgang zehn Stadien spazieren zu gehen (ein Stadion entspricht durchschnittlich einer Länge von 180 m). Wir lesen in den hippokratischen Schriften: »Längere Spaziergänge vor dem Essen leeren den Körper, steigern die Fähigkeit, Speisen aufzunehmen und zu verdauen. Mäßige und langsame Spaziergänge nach dem Essen gleichen aus und vermischen Speise und Trank… Weite und rasche Spaziergänge nach dem Essen kann man in keiner Hinsicht gutheißen; da sie den Körper heftig schütteln, scheiden und trennen sie Speisen und Getränke voneinander.« [83] Leistungsabfall und Müdigkeit können häufig auftreten, wenn die überschüssigen Stoffe im Körper nicht richtig ausgeschieden werden.

Was die Sexualität betrifft, so geht man mit ihr frei und ungezwungen um, sowohl bei heterosexuellem als auch bei gleichgeschlechtlichem Geschlechtsverkehr. Hier gibt es keine Tabus. Auch die Prostitution ist erlaubt. [84] Unter Strafe wird lediglich gestellt, wenn Verheiratete Geschlechtsverkehr mit unverheirateten und verwitweten Frauen praktizieren. Die Jungen sind mit 14 Jahren geschlechtsreif, die Mädchen etwas früher. [85] Während die Ehefrauen sich um Haus und Hof kümmern und Kinder zur Welt bringen, gehört es zum guten Ton, wenn Männer einer höheren sozialen Schicht »sowohl geschlechtliche Beziehungen zu einem Knaben, zu einer Frau oder einem Sklaven aufnehmen, allerdings nur wenn er die aktive Rolle beim Geschlechtsverkehr übernahm«. [86] Auch der gleichgeschlechtliche Sex ist unter Frauen weit verbreitet, obwohl es von hier und dort vor allem von Männern

Störfeuer gab. Den Ärzten ist es nach dem hippokratischen Eid nicht gestattet, mit weiblichen oder männlichen Patienten sexuelle Beziehungen aufzunehmen. Summa summarum, den Geschlechtsverkehr halten die Ärzte für die natürlichste Sache der Welt. Er ist eine echte Lebensbereicherung, bringt Liebe, Lust aufs Leben und Kinder ins Haus. Vorausgesetzt man übertreibt nicht und hält sich an das Wort **moderat**.

Kommen wir zur Hygiene. Das Wort Hygiene ist abgeleitet aus dem Griechischen Hygenus und steht in engem Zusammenhang mit der Gesundheit. Für Medizinanfänger gibt es exakte Vorschriften für die Ausübung der ärztlichen Kunst. Das beginnt schon damit, einen richtigen Platz für das Haus zu finden, in dem praktiziert werden soll. Es soll geschützt sein vor starken Winden und vor hellem Sonnenlicht. So heißt es in dem Regelwerk: »Das Licht soll sehr hell für die behandelnden Ärzte, aber nicht unangenehm für die Behandelten sein. Vor allem muß man das Licht vermeiden, durch das die Augen krank werden können.« [87] Vorhanden sein müssen weiche Tücher zur Sauberhaltung der Geräte und anderer medizinischer Instrumente, Leinentücher für die Augen; für die Wunden sind schwächere vorgesehen. Exakte Anleitungen für Aderlässe und Schröpfen können jederzeit eingesehen werden. Auch für das persönliche Auftreten der Ärzte gibt es Vorschriften. »Er trage anständige Kleidung und brauche gute und unaufdringliche Salben, denn alles dieses empfinden die Kranken angenehm, und darauf muß man achten… Im Ausdruck des Gesichtes: nachdenklich, ohne abweisend zu sein; sonst erscheint man eigenwillig und menschenfeindlich. Wer leicht in Lachen ausbricht und zu aufgeräumt ist, wird als ordinär empfunden… In allem Verkehr mit den Menschen muß der Arzt gerecht sein.« [88]

Großen Wert legen die Griechen auf die persönliche Hygiene. Gleich nach dem Frühstück werden Gesicht und Kopf mit kaltem Wasser abgerieben, dann massiert und gesalbt. Zähne und Zahnfleisch werden ebenfalls mit den Händen gereinigt. Zahnbürsten existierten in dieser Zeit nicht. Besondere Aufmerksamkeit gilt den Haaren. Sie werden regelmäßig gewaschen, gekämmt. Frauen bevorzugen lange Haare, die im Nacken zu einem Knoten gebunden werden. Viele Männer leisteten sich einen Vollbart, um ihre Männlichkeit zu unterstreichen.

Wir sehen, die individuelle Hygiene ist fester Bestandteil der Diätetik und wird dem Aufgabenbereich der Ärzte zugeordnet. Von einer öffentlich gesetzlich festgelegten Hygiene kann man in der Antike nicht sprechen. Bekannt sind allerdings öffentliche Maßnahmen und individuelle Verhaltensweisen, die aus heutiger Sicht der Hygiene zugeordnet werden können.

Dazu gehören die Versorgung mit sauberem Wasser und der Bau von Brunnen, die Beseitigung von Abfällen, Sauberkeit in den Sportanlagen. Grundlage ist die hippokratische Schrift über die Umwelt, die die Wirkung von Umwelteinflüssen auf die Gesundheit schildert. [89] Es liegen Hinweise für den Städtebau und für die Architektur vor. Letztlich bleibt die Hygiene jedoch dem Einzelnen überlassen unter der Obhut der hippokratischen Ärzte.

Kommen wir nun zu den Gemütsbewegungen, über die wir kurz sprechen sollten. Ärger, Angst und andere Sinnesempfindungen haben ihren Platz im Gehirn. Die Mehrzahl der Autoren des Corpus Hippocraticum bezeichnet das Gehirn als das Zentralorgan der intellektuellen und psychischen Fähigkeiten. [90] Und so kommen die Ärzte in der Anamnese nicht drum herum herauszufinden, in welchem gegenwärtigen Gemütszustand sich der Patient befindet. Grübeln, schlechte Laune, Arbeitslosigkeit – das wissen wir heute – belasten nicht nur die körperliche Leistungsfähigkeit, sondern auch die Psyche. »Insofern ist es Aufgabe des Arztes«, so Galen, »die Dinge ausfindig zu machen, die seinen Geist [Patienten] bedrücken.« [91] Obwohl der Begriff Stress in der Antike unbekannt ist – nur Galen hat in einer wissenschaftlichen Arbeit darauf hingewiesen – sind sich die Ärzte darüber im Klaren, dass

Gesundheit nicht nur für das »Gut- und Schönsein« wichtig ist, sondern auch für die »Seelenruhe«. Diesen Satz sollte man sich einprägen. Heute hat die Weltgesundheitsorganisation den Stress als eine der größten Gesundheitsgefahren eingestuft. Ständiger Leistungsdruck, Reizüberflutung, Existenzängste stören das Wechselspiel zwischen dem Sympathikus und Parasympathikus des vegetativen Nervensystems. Die Folge ist eine vermehrte Ausscheidung von Adrenalin und Noradrenalin, verbunden mit Immunschwäche, Schlafstörungen, Energiemangel. [92] Die Seelenruhe – wir sprechen heute von Gelassenheit – ist gestört. Der Körper gerät aus dem Gleichgewicht. Schon Platon (428/27 – 349/48 v. u. Z.), Philosoph, Schüler von Sokrates, Verehrer von Hippokrates, forderte, dass die ideale Heilkunst immer den Dualismus von Körper und Seele berücksichtigen sollte. [93] Bevor die Ärzte Medizin oder das Skalpell einsetzen, sehen sie in der Kraft des Wortes ein wichtiges Therapeutikum. Damit können Mitgefühl, Vertrauen angeregt und große Sachkenntnis vermittelt werden, was beim Patienten Zuversicht hervorruft und die Selbstheilungskräfte stärkt. Wir sehen, schon seit über 2.000 Jahren beschäftigen sich die Ärzte mit der Ganzheit des Menschen. Goethe sprach später vom ganzen Menschen. Heute wird vor lauter fachlicher

Differenzierung in der Medizin oft der ganze Mensch übersehen.

Die Diätetik mit einem umfassenden Paket von Maßnahmen für eine gesunde Lebensführung ist ein Glanzstück der antiken Medizin – leider, bedingt durch die damaligen Produktionsverhältnisse, auf einen kleinen Kreis von Menschen beschränkt. Heute wissen wir, dass Gesundheit und ein langes Leben zu circa 70 Prozent von einem gesunden Lebensstil abhängen. Circa 30 Prozent sind genetisch bedingt. »Man kommt mit einer bestimmten Menge von Genen zur Welt«, so die Nobelpreisträgerin Prof. Dr. E. Blackburn, »aber unsere Lebensweise beeinflusst, wie sich die Gene selbst exprimieren. In einigen Fällen können Lebensstil-Faktoren Gene an- oder ausschalten.« [94] Professor Blackburn hat nachgewiesen, dass die Länge der Telomere, die Schutzkappen der Chromosomen, mitbestimmend für eine robuste Gesundheit und ein gesundes Altwerden ist. Kurze Telomere verkürzen dagegen das Leben und tragen ein hohes Risiko für verschiedene Krankheiten wie Krebs, Herz-Kreislauf-Erkrankungen, Diabetes mellitus und andere. Bei jeder Zellteilung verkürzen sich die Telomere. Nach circa 100 Zellteilungen tritt der Zelltod ein. Das Gute: Ein gesunder Lebensstil kann die Kürzung der Telomere verlangsamen, indem er das Enzym Telomerase aktiviert, um so einer Verkürzung der

Telomere entgegenzuhalten. Nachgewiesen ist, dass ein moderates Ausdauertraining wie Jogging, Nordic Walking, Schwimmen, Radfahren positiven Einfluss auf die Länge der Telomere hat. Dagegen trägt Übertraining zur Verkürzung der Telomere bei. Gleichermaßen hat Professor Blackburn festgestellt: Sport fördert die zellulären Säuberungsprozesse, sodass Zellen weniger Abfallprodukte anhäufen. [95] Es liegt also in Ihrer Hand, gesund alt zu werden. Eigentlich müsste jedem unter uns bewusst sein, dass ungesunde Ernährung, wenig Bewegung den Alterungsprozess verschärfen. Diejenigen, die sich an die genannten Gesundheitsregeln halten, sind klar im Vorteil. Daran gibt es nichts zu rütteln und zu schütteln. Hundertfache Beweise liegen vor. Mit 80 Jahren haben sich die meisten unter uns mindestens eine chronische Krankheit eingehandelt. »Bei 85-jährigen Männern werden im Schnitt vier verschiedene Krankheiten diagnostiziert, bei Frauen im gleichen Alter sind es fünf. Herzkrankheiten und Krebs etwa. Arthritis und Alzheimer, Nierenerkrankungen und Diabetes. Es folgt der Tod. 99,98 Prozent der Menschen sterben, bevor sie 100 Jahre sind«, so ein Bericht des Focus. [96]

Fazit: Die »sex res non naturalis«, die sechs nicht natürlichen Dinge, umfassen die Lebensbereiche, die für die Gesundheit und ihre Wiederherstellung Priorität haben. Mit der Diätetik steht den Ärzten der Antike ein Therapeutikum zur Verfügung, um eine gesunde Lebensweise als Voraussetzung für eine stabile Gesundheit und ein langes Leben zu erwirken.

Lebensführung des gesunden Menschen

Eine vom Autor überarbeitete Schrift des griechischen
Arztes Diokles von Karystos

Sicherlich sind Sie neugierig, wie so ein normaler Tag
im sonnigen Griechenland für einen privilegierten
freien Bürger abläuft. Diokles von Karystos lebte um
350 v. u. Z. und war ein griechischer Arzt auf der Insel
Euboia. Die Athener schmückten ihn mit dem Titel eines jüngeren Hippokrates (lat. Hippocrates junior). Er
zählt zu den angesehensten Ärzten der Antike. In über
20 Schriften beschäftigt er sich mit Fragen der Medizin,
unter anderem mit der gesunden Lebensführung und
der Krankheitslehre. In seinem Werk »Gesundheits-
lehre« (gr. hygenia) beschreibt er die diätetischen Regeln für einen Tag.

In der Früh, gleich nach dem Aufstehen, ist es von
Vorteil, dass sich Junge und etwas ältere Leute auf den
Weg machen, um zu laufen. Im Sommer mindestens
eine Strecke von 1.800 Metern, die Älteren etwas weniger. Diokles von Karystos weist ausdrücklich auf den
Altersunterschied hin, um Überforderungen zu vermeiden. Moderates Training ist angesagt. Wichtig ist, noch
nicht gleich nach dem Wachwerden die Laufschuhe an-
zuziehen, sondern liegen zu bleiben, bis die durch den

Schlaf verursachte Trägheit nachlässt. Nach dem munteren Lauf erfolgt die Morgentoilette. Der Körper wird mit ein wenig Öl eingerieben, dann die Gelenke gebeugt und gestreckt – wir sprechen heute von Lockerungs- und Dehnübungen, um auf die kommende Belastung vorbereitet zu sein. Dann spüle man das Gesicht und die Augen mit kaltem, sauberem Wasser. Zähne und Zahnfleisch werden von innen und außen mit den Fingern abgerieben. Nase und Ohren salbe man innen ein, am besten mit einem duftenden Öl… Besondere Sorgfalt verwende man auf den Kopf. Die Kopfpflege, um es so zu sagen, besteht aus Einreibung, Salben, Massage, Kämmen, Schnitt des Haares bis auf die Haut. Einreiben und salben muß man täglich, massieren und kämmen nur von Zeit zu Zeit. Einreiben kräftigt, Salben schmeidigt die Haut, Massage reinigt und lüftet. Nach der Morgentoilette wird es Zeit für diejenigen, die ihren Geschäften nachgehen müssen. Wer allerdings Muße hat, dem wird empfohlen, noch einen kleinen Spaziergang vor dem Frühstück zu absolvieren, das steigert den Appetit. Die Spaziergänge nach dem Essen – moderat – wirken abführend und sorgen für einen guten Stuhlgang. Schnelle Läufe oder scharfe Spaziergänge nach dem Essen sind ungesund, weil Verdauungsschwierigkeiten auftreten können.

Für die Jungen ist es jetzt Zeit, sich auf den Weg zur Sportstätte zu machen, um das tägliche Übungsprogramm (gymnastische Übungen) zu absolvieren. Die Älteren lieben die Bäder mit anschließenden Massagen. Man achtet darauf, dass die Älteren sich auch selbst massieren, damit sie aktiv und gelenkig bleiben. Wenn jemand zu Hause über einen Übungsplatz verfügt, führt er sein Trainingsprogramm daheim durch. Wer Appetit auf ein zweites Frühstück hat, isst Gerstengrütze mit duftendem Weißwein, vermischt mit Honig und Wasser. Vor jeder Mahlzeit wird empfohlen, Wasser zu trinken, bis der Durst gelöscht ist. Als Beilage werden gekochtes Gemüse, Kürbis, Gurke und Früchte serviert. Wem allerdings an seinem Wohlbefinden liegt, dem genügt zur Erhaltung der Gesundheit und als Grundlage für den Tag ein Frühstück. Nach dem Frühstück sucht man sich einen schattigen, windgeschützten Platz für ein Nickerchen. Sobald man erwacht, macht man eine kleine Pause, dann geht's wieder zum Übungsplatz. Für die Kräftigeren und Jüngeren ist es zweckmäßig, sich nach ihren sportlichen Übungen mit Sand einzureiben und kalt zu baden. Die Älteren und Schwächeren tummeln sich in den warmen Bädern, ohne sich den Kopf zu benetzen. Diokles von Karystos ist der Ansicht, dass es auch für die Gesunden angebracht ist, sich den Kopf niemals mit warmem Wasser zu waschen. Der Grund: Nur kaltes Wasser erfrischt und hält den Kopf frei.

Die Hauptmahlzeit wird im Sommer kurz nach Sonnenuntergang eingenommen. Serviert werden vor allem Fisch- und Fleischgerichte (Ziegen-, Hammel- und Schweinefleisch, Rebhühner, Tauben), einfach gekocht. Als Nachspeise bedient man sich einer großen Auswahl an Obst wie Weintrauben, Feigen, Äpfel. Im Winter werden vor allem Zwiebeln, Pökelfleisch, Suppen aus Hülsenfrüchten und Linsensuppe bevorzugt. Getrunken wird ein leichter, milder Wein, eher ungemischt. Angebracht sind in dieser Jahreszeit Eicheln und Kastanien, sowohl gekocht als auch geröstet.

Was die körperlichen Übungen und Spaziergänge zu dieser Jahreszeit anbetrifft, so sollen sie intensiviert werden, wobei man eine allmähliche Steigerung des Tempos vornimmt, um sich vor dem Übermaß in Acht zu nehmen. Mit dem Wechsel der Jahreszeiten wird vorgeschlagen, auch die Lebensweise zu verändern und darauf zu achten, dass nichts geschieht, was stärker ist als die Natur des Körpers. Man darf zum Beispiel nicht allzu viel und fortwährend Geschlechtsverkehr ausüben. Auch hier ist die jeweilige Konstitution zu berücksichtigen. Am wenigsten angebracht ist er für Magere und Schwachbrüstige. Immer in Maßen gilt auch hier. Nach einem leichten Spaziergang ist Nachtruhe angesagt. Schlafen sollte man auf der linken bzw. rechten Seite. Rückenlage ist für niemanden günstig, da am ehesten Atemnot und Erstickungsanfälle auftreten können. [97]

Soweit der Bericht des griechischen Arztes Diokles von Karystos über die gesunde Lebensweise. Wenn auch nur wenige Griechen Zeit und Geld hatten, dieses Tagesprogramm zu erledigen, so zeigt doch die Schilderung den richtigen Weg, zur Gesundheit zu finden.

Non est vivere, valere vita est (lat.) – Nicht leben, sondern gesund sein macht das Leben aus.

Versuch's doch mal mit Laufen

Eine Langzeitstudie

In den 70er Jahren – ich war damals gerade 41 Jahre alt, übergewichtig, hoher Blutdruck, wenig Bewegung, langes Sitzen, Stress, Rauchen – spürte ich hin und wieder ein mehr oder weniger starkes Ziehen hinter dem Brustbein. Zunächst wurde das ignoriert. Dann machte ich mich auf nach Berlin-Buch, wo Prof. Dr. Baumann, Herzspezialist, seinen Sitz hatte. Seine Diagnose: Vorzeichen einer koronaren Herzkrankheit. Ich vergesse nicht seinen Spruch: »Passen Sie auf beim Schwimmen, immer schön am Rand bleiben.« So krank sollte ich sein? Ich konnte es nicht fassen. Was tun? Ich besann mich auf den alten Hippokrates, dessen Schriften ich noch aus der Schulzeit kannte, kramte sie wieder hervor und studierte gründlich die Diätetik, die Kunst der angemessenen Lebensweise, in der vor allem moderates und regelmäßiges körperliches Training, eine der Jahreszeit angepasste Ernährung und Körperpflege einen breiten Raum einnahmen. Auch der Spruch von Dr. Hufeland, Leibarzt von Goethe, kam mir wieder in den Sinn: Bewegung ist die beste Arznei. Und so hörte ich auf meine innere Stimme, die mir riet: Versuch's doch mal mit Laufen. Ich studierte zuerst einmal die Literatur über das Laufen, die damals nicht allzu üppig war. Rein zufällig fiel mir im Jahr 1970 ein Reader's Digest Heft in die Hände, in dem sich der amerikanische Prediger Billy Graham (1918 – 2018), genannt »das Maschinengewehr Gottes«, über das Laufen aussprach. Einige Zeit – so meine Erinnerung – ging es Billy Graham gesundheitlich nicht besonders gut. Als er jedoch mit dem moderaten Laufen begann, wurde er wieder fit und konnte sprichwörtlich Bäume ausreißen. Dieser Bericht über das Ausdauertraining munterte mich auf. Immerhin wurde der Prediger sehr alt.

Neugierig, wie ich bin, aber auch von der Diagnose angetrieben, wollte ich selbst überprüfen, inwieweit moderates Laufen zu einer stabilen Gesundheit führt, welchen Einfluss Ausdauertraining auf das Herz-Kreislauf-System hat. Dabei war mir bewusst, dass ich von zu Hause aus nicht allzu gute Gene mitbekommen habe. Meine Mutter starb mit 70 Jahren an Linksherzinsuffizienz, mein Vater mit 63 Jahren an Speiseröhrenkrebs. Die Großeltern wurden über 70 bzw. 80 Jahre alt.

Aber wie fängt man so ein lebenswichtiges Unternehmen an? Wie hält man durch, wenn man keine Erfahrung mit dem Joggen hat? Vor allem, woher die Zeit nehmen, wenn man einen Fulltime-Job und eine große Familie hat? Wie sagten doch die alten Römer: mens agitat molem – der Geist bewegt die Materie. Wenn man

Erfolg bei einer großen Sache haben will, muss der Geist wollen. Dazu braucht man zunächst einmal Ruhe sich vorzustellen, wie man durch den herrlichen Wald läuft, der nur wenige Meter von unserem Haus entfernt liegt. Diese Visualisierung beflügelte mein Vorhaben, das nunmehr schon 50 Jahre anhält. Start frei am 1. Juli 1970 in der Früh. Mein erster Lauf, locker, nicht verbissen, mit einem Lächeln, langsam, immer im Wechsel von Gehen und Laufen, auf weichem Waldboden, begleitet von Vogelgezwitscher, leichtem Blätterrauschen, war ein gelungenes Laufdebüt. Die Zeit: 20 Minuten auf Anhieb, in einem Ritt. Den Stolz sah man mir in meinen vor Freude glänzenden Augen an. Fünfmal in der Woche drehte ich meine Runde. Mit der Zeit wurde mein Laufstil immer lockerer. Ich kann die Tage zählen, an denen ich aus triftigen Gründen meine Laufschuh an den Nagel hängen musste. Langsam, ohne Stress, moderat blieb mein Geheimrezept. Das gesunde Ambiente – Mischwald aus Buchen, Eichen, Birken, Kiefern und Fichten – tat mir gut. Machte der Wettergott mit Blitz und Donner, Sturm und Regen einen Strich durch meine Rechnung, trainierte ich daheim auf der Stelle. Es wurde eine Langzeitstudie voller Überraschungen. Immer wieder beeindruckt mich das Spiel von Licht und Schatten, das Einatmen der reinen Waldluft, die mein Blut mit Sauerstoff anreichert. Vor allem profitieren

vom Laufen die Blutgefäße, die den Körper mit Sauerstoff, Nährstoffen und anderen lebenswichtigen Sub-
stanzen versorgen. Ich erinnere mich noch an die Worte
von Prof. Dr. Baumann: Arteriosklerotische Veränder-
rungen der Blutgefäße führen zur Verengung der Herz-
kranzgefäße, die wiederum Auslöser für koronare
Herzkrankheiten sind. Mit einer gesunden Ernährung
und vor allem Ausdauersport können wir dem entge-
genwirken. Auch tägliche flotte Spaziergänge führen
zum Erfolg.

Inzwischen wissen wir nicht nur von Hippokrates,
sondern auch von einer wissenschaftlichen Studie des
Frederiksberg Hospitals Kopenhagen, die im Fachma-
gazin »Journal of American College of Cardiology« veröffentlicht wurde, dass moderates Training nicht nur
gesund ist für Körper und Geist, sondern auch das Leben verlängern kann. Die dänischen Wissenschaftler gaben nach ihrer Untersuchung für Freizeitsportler als
Richtschnur an, dass im Schnitt 2,5 Stunden moderates
Training in der Woche nicht überschritten werden sollten. In der über Jahre breit angelegten Studie kamen die
Forscher zu dem Schluss, dass in diesem Bereich das
niedrigste Sterblichkeitsrisiko liegt. Bei intensivem Joggen über 2,5 Stunden in der Woche hinaus erreicht die
Sterblichkeitsrate ein ähnliches Niveau wie bei Nicht-
Joggern. Das Risiko für Herzinfarkt und Schlaganfall

steigt an. Die Ärzte des Uniklinikums Hamburg-Eppendorf (UKE) stellten bei Untersuchungen von 54 männlichen und 29 weiblichen Triathleten fest, dass 10 der Männer Vernarbungen am Herzmuskel hatten. Diese myokardialen Fibrosen hängen mit dem Auftreten von lebensbedrohlichen Herzrhythmusstörungen zusammen. Die Sportler waren Freizeitsportler, im Durchschnitt 43 Jahre alt, die mindestens 10 Stunden die Woche trainierten. [98]

Wie sagten doch die hippokratischen Ärzte? Einem süchtigen Läufer droht immer ein schlimmes Ende. Der Neurologe Dr. Jochen Schleimer schreibt zu diesem Thema und beruft sich dabei auf eine gut recherchierte japanische Statistik zu Sport und Lebenserwartung: »Bis zum 60. Lebensjahr ist die Lebenserwartung von Sportlern stets höher als von Nicht-Sportlern; wahrscheinlich, weil sie allen so genannten Zivilisationskrankheiten davonlaufen. Ab dem 60. Lebensjahr kehrt sich das Blatt um. Vermutlich hat die ständige Steigerung des Stoffwechsels eine große Menge an freien Radikalen produziert, dass nun das Altern mit Macht einsetzt. Die Lebenserwartung von Sportlern nimmt nun rapide ab, und nach dem 90. Lebensjahr fehlen die Sportler mangels Überleben zum statistischen Vergleich. Sport (Leistungssport) ist per se kein Mittel zur Verlängerung des Lebens.« [99] Die Ausnahme ist ein regelmäßig moderat betriebener Sport, bei dem die maximale Herzfrequenz beim Training nicht überschritten werden sollte. Nicht umsonst hat die Weltgesundheitsorganisation für jedermann 150 Minuten moderate Bewegung die Woche als Richtwert vorgegeben. Es lohnt sich, darüber nachzudenken. Sport soll Spaß machen und keine Plackerei sein.

Ich kontrolliere regelmäßig meinen Puls und achte darauf, dass die Herzfrequenz, die 60 bis 70 Prozent der maximalen Herzleistung entsprechen soll, sich nicht wesentlich erhöht. Zur Berechnung der Richtschnur dient die Formel 220 minus Alter mal 0,8. Das heißt, beim Laufen immer im aeroben Bereich bleiben. Diese maximale Pulsfrequenz ist immer altersgerecht. Vor jedem Lauf, so meine Erfahrung, ist es ratsam, Gelenke und Muskeln zu lockern. Rumpfbeugen, Armkreisen, ein paar Kniebeugen, Laufen auf der Stelle machen uns warm. Bereits nach einem Jahr fühlte ich mich vitaler. Alle Labor- und EKG-Werte lagen in der Norm. Regelmäßiges Muskeltraining und Dehnübungen im Freien vervollständigten mein Programm. Herumliegende Baumstämme, Ruhebänke waren meine Sportgehilfen. Ausdauertraining sollte immer durch Krafttraining ergänzt werden.

Ausdauertraining und Krafttraining sind Zwillinge, sie ergänzen sich wunderbar. Von vielen Freizeitsportlern wird das Muskeltraining oft vernachlässigt. Leichtes Hanteltraining (2,5 kg) ist gutes Armmuskeltraining. Ohne großen Aufwand werden nebenbei alle Muskeln gestärkt und sorgen so für ein ausgewogenes Zusammenwirken von Ausdauer und Kraft. Zwischen den einzelnen Sätzen ist es ratsam, je 30 Sekunden Pause zu machen. Aber Achtung: Bei all den guten Vorsätzen, Muskeln aufzubauen, auf die hippokratischen Ärzte hören: moderat und keine Überanstrengungen. Wenn Sie Gleichgewichtsstörungen haben sollten, gibt es ein einfaches Rezept: Gehen Sie hin und wieder tanzen. Hilft das nicht, dann den Doktor aufsuchen. Ohne einen starken Muskelaufbau erreichen Sie keine sportlichen Leistungen, keine optimale Bewegung. Auch sind schlaffe Muskeln kein schöner Anblick. Mit einer guten aufgebauten Muskulatur steigt in jedem Fall auch das Selbstvertrauen. Und nicht nur das. Ich kann Ihnen versprechen: Sie haben meist auch gute Laune. Beim Muskeltraining entstehen Endorphine. Diese werden im Gehirn gebildet und haben eine aufmunternde, morphinähnliche Wirkung. Hochinteressant ist, dass, wie beim Ausdauertraining auch, aktive Muskeln an der Neurogenese (an der Neubildung von Nervenzellen) beteiligt sind und damit eine höhere Leistungsfähigkeit des Gehirns erzielen. Nicht zu vergessen: regelmäßige Ruhepausen einlegen. Hippokrates hat ausdrücklich darauf hingewiesen, dass nach Belastung die Ruhepause zu beachten ist. Der Körper benötigt eine gewisse Zeit, um notwendige Reparaturen durchzuführen. Vor allem werden ja Muskeln und Sehnen beim Joggen gefordert. Schon kurz vor Ende des Trainings sollte man das Lauftempo herunterfahren. Die Fachleute sprechen von der Cool-down-Phase. Diese Ruhepausen sind besonders wichtig beim Intervalltraining. Wenn einmal die Zeit knapp ist für das normale Ausdauertraining von 30 Minuten, kann man das Intervalltraining ausüben. Vorausgesetzt, Sie haben sich bei Ihrem Hausarzt richtig durchchecken lassen. Hier erfolgt ein Wechsel im Trainingsprogramm zwischen langsamem und schnellem Laufen. Wenn die Pulsfrequenz auf 110 bis 120 Schläge zurückgeht, ist wieder Tempo angesagt. Der Nachteil: In der anaeroben Phase entsteht Milchsäure (Laktat), die die Muskeln übersäuert. Der Vorteil: Den Trainingseffekt können Sie mit einer Zeit von 5 bis 10 Minuten Laufzeit erreichen. Maximal 12 Wiederholungen im Trainingsprogramm sind erforderlich. Meine Erfahrungen besagen, dass die Ausdauermethode 30 Minuten pro Lauf bei einer Wohlfühlformel von 220 minus Alter mal 0,8 am effektivsten für die Gesundheit ist, weil die Sauerstoffkapazität regelmäßig ansteigt – zum Vorteil für den gesamten Organismus.

Fortan lebte ich nach der Devise: So wenig Arzt wie möglich, so viel Arzt wie nötig. Meine Kondition steigerte sich von Jahr zu Jahr. Die Pfunde purzelten. Nach 32 Jahren Joggen ergab sich die Gelegenheit, an der Universität Karlsruhe am Institut für Sport und Sportwissenschaft eine Testauswertung vornehmen zu lassen. Das Ergebnis: Meine Leistungsfähigkeit in den Bereichen Kraft, Ausdauer, Beweglichkeit und Kondition war im Vergleich zu Personen gleichen Alters und Geschlechts sehr gut. Mein Herz-Kreislauf-System war hervorragend trainiert, sodass ich weder einen Stent noch eine Pille benötigte, und das ist bis heute so geblieben. Der Puls schlägt in Ruhe 60-mal in der Minute. Ein langsamer, gleichmäßiger Puls, so Hippokrates, ist ein gutes Zeichen für Gesundheit und ein langes Leben. Dennoch, auch das beste Pferd kann stolpern. Über Nacht bekam ich vor vier Jahren Schüttelfrost, hohes Fieber mit Bauchschmerzen und landete sofort nach der Notaufnahme auf dem OP-Tisch – Gallen-Empyem, die schwerste Form einer akuten Cholezystitis mit Gefahr einer Perforation, die meist tödlich endet. Eine verdammt schlechte Diagnose. Acht Tage nach der Operation das gleiche Bild: Schüttelfrost, Fieber – ein Ärztefehler bei der OP. Ein Gallenstein wurde übersehen und brachte mich in Teufels Küche. Alles braucht seine Zeit. Nur langsam hat sich der Körper erholt. Dank meines guten Allgemeinzustandes und der Kunst der Chirurgen bin ich dem Tod von der Schippe gesprungen.

Wir sehen, eine tüchtige Portion Glück gehört auch zum Leben. Nach einer langen Rekonvaleszenz trabe ich nun munter weiter, mit dem festen Wissen, dass moderates Ausdauertraining, verbunden mit einem gesunden Lebensstil, nicht nur die Gesundheit erhält, sondern auch das Leben retten und verlängern kann. Sollten Sie auch ein wenig Lust auf's Laufen haben, achten Sie auf Ihre Pulsfrequenz. Ich kann es nicht oft genug sagen. Zu Ihrer Sicherheit können Sie sich die Pulsfrequenz durch den Arzt ermitteln lassen. Wer lieber anstelle des Joggens Nordic Walking oder schnelles Gehen bevorzugt, hat ähnliche Gesundheitseffekte zu erwarten. Das Wort **moderat** sollten Sie immer im Kopf haben. Natürlich führen auch andere Sportdisziplinen wie Schwimmen Radfahren, Skilanglauf zu gleichen Ergebnissen. Schon nach kurzer Zeit zahlt sich das regelmäßige Training aus: Das Immunsystem wird aktiviert. Noch acht bis zwölf Stunden nach dem Joggen ist eine vermehrte Aktivität der natürlichen Killerzellen, die Viren und Krebszellen vernichten, zu registrieren. [100] Eine US-Studie mit knapp 40.000 Männern, die im Alter von 50 Jahren an einem Fitnesstest teilnahmen, kam zu dem Schluss: Je größer die Fitness des Patienten ist, desto mehr

Killerzellen bleiben zur Tumorabwehr im Blut. Für das Ausdauertraining heißt das: Nur durch regelmäßige Übungen kann die Fitness erhöht bzw. stabil gehalten werden. [101] Man weiß, dass sich die Zahl der weißen Blutkörperchen mit zunehmendem Alter verringert. Dadurch besteht die Gefahr, dass sich Krebszellen schneller ausbreiten können. Wer jahrelang, vor allem auch im Alter, Ausdauersport, verbunden mit Muskelaufbau, betreibt, hat gute Chancen, die Immunabwehr zu erhöhen. Regelmäßiges Ausdauertraining beugt vor allem auch Entzündungen im Körper vor. Forschungen bestätigen: »Wer sein Sportprogramm mehrmals in der Woche über Monate und Jahre durchzieht«, so Prof. H. Gabriel, Sportmediziner an der Universität Jena, »trainiert permanent das Entzündungs- und Antientzündungssystem und hat insgesamt weniger Entzündungen im Körper.« [102] Auch das Herz-Kreislauf-System wird so trainiert, dass das Herz auf Dauer, also auch in Ruhe, ökonomischer schlägt. Der Herzmuskel wird besser durchblutet. Die Kollateralen werden durch Ausdauertraining vermehrt. Dabei handelt es sich um Blutgefäße (Umgehungsgefäße), die bei einer Strombehinderung die Blutversorgung zum Herzen aufrechterhalten. Bei einem Herzinfarkt haben wir eine höhere Überlebenschance. Moderates Laufen oder zügiges Spazierengehen sorgen auch für eine bessere

Durchblutung des Gehirns, die Aktivität des Gehirns wird angeregt. Erstaunlich, dass bereits die Ärzte der Antike erkannten: »Wenn ein Mensch die richtige Lebensweise führt, kann er vernünftiger und scharfsinniger werden als seiner ursprünglichen Natur entspricht... Also sollen die Menschen scharfes Laufen üben, damit ihr Körper von der Feuchtigkeit entleert wird.« [103]

In den hippokratischen Schriften kommen die Worte: »Alles in Maßen« sehr häufig vor. Man war sich bewusst, dass der Mensch bei Einhaltung dieser Regel körperlich und geistig leistungsfähiger wird und gesund bleibt. Wie oft verstoßen wir heute gegen diese uralte hippokratische Regel? Rastlos wird durchgearbeitet, Smartphone und Fernsehen gönnen uns bis in die späten Abendstunden keine Ruhe, auch wenn das Fernsehprogramm noch so banal zusammengestellt ist, angefüllt mit Krimis, Serien, Talkshows und anderen billigen Quotenbringern. Wie soll sich der Mensch dabei erholen? Ein- und Durchschlafstörungen sind die Folge. Bei andauerndem Stress steigt das Krankheitsrisiko. Hypertonie, Magen-Darm-Probleme stellen sich ein. Das muss nicht sein. Spaziergänge, auch am Abend, moderates Joggen, Gymnastik, autogenes Training sind gute Helfer, um wieder zur Ruhe zu kommen.

Das sollten Sie sich unbedingt merken, wenn Sie auf die Strecke gehen:

1. Wenn Sie irgendwann geneigt sein sollten, den Fernsehsessel mit dem Laufen zu vertauschen, niemals mit einer Erkältung oder Fieber in die Laufschuhe steigen. Infektionen belasten das Herz zusätzlich. Oftmals entsteht eine Herzinsuffizienz. Auch ein plötzlicher Herztod kann eintreten. Also, immer schön pausieren und den Arzt fragen, wenn man sich nicht wohl fühlt.

2. Auch im Winter kann man Sport treiben. Allerdings empfiehlt es sich, bei einer Temperatur unter -10 °C zu Hause zu trainieren (Hometrainer). Wichtig ist, bei Kälte langsam zu starten – moderates Tempo versteht sich. Nach dem Lauf pausieren, der Körper muss sich regenerieren.

3. Wer einen Ruhepuls von 100 und mehr in der Minute vor dem Start hat, sollte nicht joggen oder Sport treiben, bevor der Arzt das Problem abgeklärt hat.

4. Vorsicht! Langes Sitzen kann die Vorteile des Trainings aufheben. Das wusste schon der Geheimrat Johann Wolfgang von Goethe. In seinem Studierzimmer in Weimar ist ein Stehpult zu sehen, aber kein Sofa. Er diktierte ständig im Stehen seinem Diener die neuesten Verse.

»Sitzen an sich, ob im Auto, vor dem Fernseher oder am Schreibtisch, ist lebensgefährlich«, resümiert W. Taylor, von der Texas University. Sein Kollege von der Mayo-Klinik in Rochester meint: »Sitzen ist geradezu eine tödliche Aktivität.« [104] Gemeint ist langes Sitzen. Wir kommen in Deutschland durchschnittlich auf neun Stunden Sitzen am Tag. Beamte, Akademiker, Angestellte und Kinder sind besonders gefährdet. Gehören Sie auch zu diesen Typen? Dann heißt es: Alle zwei Stunden aufstehen, sich bewegen, 10 Kniebeugen, Liegestütze, Armkreisen ausführen. Ihr Körper dankt es Ihnen.

Auch hier können wir uns dieses Mal die griechischen Philosophen als Vorbild nehmen, die ihre Dispute voller Esprit im Auf- und Abgehen in gepflegten Säulenhallen oder unter hochgewachsenen Platanen führten. Schon damals war man sich darüber im Klaren, dass Gehen geistreiche Gespräche entstehen lässt.

5. Um fit im Sport zu bleiben, sollten Sie keinen Bogen um die Homöopathie machen, die auch heute bei den Sportmedizinern trotz aller Anfeindungen eine wichtige Rolle spielt: »In fast allen Profi-Fußballclubs gilt die Verabreichung von Homöopathika als Standard. Standard bedeutet: als

sinnvolle Ergänzung im Kontext unterschied-lichster Therapien und Maßnahmen – nicht als Allheilmittel.« [105]

In meiner langjährigen Praxis habe ich gute Erfahrungen mit der Homöopathie und der Akupunktur gemacht, insbesondere bei Zerrungen, Verstauchungen. Selbst bei dem so schmerzhaften Fersensporn hilft die Homöopathie mit Hekla lava D 6. Das homöopathische Mittel Arnica ist in den meisten Fällen erste Wahl, zum Beispiel bei Verletzungen, Bluterguss, bei Prellungen, Überanstrengungen, Muskelschmerzen (Arnica D 6). Bei stechenden Schmerzen in Bewegung wirkt Bryonia D 6, bei Sehnenzerrung Rhus toxicodendron D 6, bei Entzündungen Apis mellifica D 6. Bei Nervosität nimmt man Argentum nitricum D 6.

»Die Kombination mit den Mitteln und Möglichkeiten der Schulmedizin hat sich bewährt«, so der Sportmediziner Prof. Peter Billigmann, Leiter des Koblenzer Instituts für Leistungsdiagnostik und Sporttraumatologie. [106] Meine Praxiserfahrungen besagen, dass die Homöopathie die Selbstheilungskräfte vorbildlich unterstützt.

Was wollte ich mit der 50-jährigen Langzeitstudie beweisen?

➢ Moderates Ausdauertraining, regelmäßig betrieben, nicht mehr als 2,5 bis 3 Stunden in der Woche, ist in der Lage, den Alterungsprozess zu verlangsamen und dem Leben ein paar Jahre bei bester Gesundheit hinzuzufügen. Aber auch kleine Einheiten führen zum Erfolg, wie inzwischen australische Wissenschaftler in einer großen Studie nachgewiesen haben. Sie kommen nach einer Information von Focus online zu dem Schluss, dass nur 50 Minuten moderates Joggen die Woche ausreichend sind, die Lebenserwartung eines Menschen um 27 Prozent im Vergleich zu Nicht-Läufern zu erhöhen. Sind das nicht gute Nachrichten?

➢ Es ist nie zu spät, mit den Ausdauerdisziplinen wie Joggen, Nordic Walking, Radfahren, Rudern usw. zu beginnen. Vor dem Start ist es ratsam, sich von seinem Hausarzt oder einem Sportmediziner durchchecken zu lassen.

➢ Übertraining, so die hippokratischen Ärzte, führt letzten Endes in den Bankrott. Immer auf Warnzeichen achten und den Arzt konsultieren.

➢ Regelmäßiges aerobes Ausdauertraining leistet einen wichtigen Beitrag zur Prävention von Herz-Kreislauf-Erkrankungen, Hypertonie, Apoplexie, Diabetes mellitus. Wissenschaftliche Untersuchungen besagen, dass Krebserkrankungen wie Brust-, Prostata-, Kolonkarzinome seltener auftreten. [107]

➤ Immer noch sterben in Deutschland jährlich circa 224.000 Menschen an Krebs, 60.000 an Herzinfarkt, 250.000 trifft der Schlag (Apoplexie). Wenn man weiß, dass Ausdauersport die natürlichen Killerzellen unseres Immunsystems ankurbelt, sollte man sich beim nächsten Einkauf ein Paar Laufschuhe zulegen. Das Geld ist gut angelegt.

➤ Ausdauertraining und gesunde Lebensweise sind zu einem festen Bestandteil meines Lebensinhalts geworden. Die Überzeugung vom Wert des Trainings hat sich innerlich verfestigt.

➤ Verantwortung für die eigene Gesundheit zu übernehmen, so wie es die griechischen Ärzte fordern, sollte für jedermann zu einer Selbstverständlichkeit werden.

➤ Bei allem Sporttreiben sind die sozialen Beziehungen nicht zu vernachlässigen. Wie sagte doch Johann Wolfgang von Goethe: »Fruchtbar ist der kleinste Kreis, wenn man ihn zu pflegen weiß.«

➤ Die Richtigkeit der hippokratischen Lehre über die Diätetik – die Kunst der angemessenen Lebensweise – hat sich in meiner Langzeitstudie vollauf bestätigt.

Ich absolviere dieses Programm nun schon 50 Jahre lang. Was ich in meinem Alter kann, können Sie schon lange. Glauben Sie mir, es zahlt sich aus.

Natürlich müssen wir, ob wir wollen oder nicht, die altersbedingten Abbauprozesse akzeptieren, die sich zwischen 35 und 40 Jahren anbahnen und von Mensch zu Mensch unterschiedlich wahrgenommen werden. Noch immer 4- bis 5-mal in der Woche schlüpfe ich in meine Laufschuhe und absolviere mein Pensum und freue mich darüber, dass ich dem Gevatter Tod noch nicht begegnet bin. »Der Tod ist allen Altersstufen gemein. Der Alte ist besser dran als der Junge. Der Alte«, so schreibt Cicero (106 – ermordet 43 v. u. Z.), »hat schon erreicht, was der Junge noch erhofft.« [108] Das Altern ist keine Krankheit, wie einige behaupten, sondern ein irreversibler Prozess, der lebenslänglich anhält. »Das Alter ist gewissermaßen der letzte Akt eines Theaterstückes, bei dem wir durchhalten müssen.« [109] Krankheiten wie Demenz, Herz-Kreislauf-Erkrankungen, Krebs nehmen im Alter zu, weil im Körper natürliche Abbauprozesse ablaufen, die das Immunsystem schwächen. Dennoch: Ein gesunder Lebensstil mit moderater Bewegung, regelmäßig betrieben, das ist Fakt und wissenschaftlich bewiesen, kann den Alterungsprozess bremsen. Der Beweis liegt vor. Trotz schlechter Ausgangsbedingungen bin ich 91 Jahre alt geworden.

Das »Jugendelixier«, seit der Antike gesucht, liegt fassbar vor unseren Füßen. Wir sollten sie in Bewegung setzen. In der Schule haben wir gelernt, dass das Energiepotenzial eines Menschen abhängig ist vom Sauerstoffpotenzial. Sauerstoff ist für den Körper und für alle seine Funktionen von außerordentlicher Bedeutung, wie wir bereits gehört haben. Also, hinaus in die freie Natur, tief einatmen. Wie sagt doch Cicero: »Mit Körperübungen und maßvoller Lebensweise kann man auch im Alter noch etwas von der früheren Leistungsfähigkeit bewahren… Alter macht nicht träge, vielmehr geschäftig, immer in Tätigkeit und Bewegung.« [110] Was sagt der Altmeister Goethe? »Wenn man alt ist, muss man mehr tun, als da man jung war.«

Der Hippokratische Eid

Ich schwöre, Apollon den Arzt und Asklepios und Hygieia und Panakeia und alle Götter und Göttinnen zu Zeugen anrufend, dass ich nach bestem Vermögen und Urteil diesen Eid und diese Verpflichtung erfüllen werde: den, der mich diese Kunst lehrte, meinen Eltern gleich zu achten, mit ihm den Lebensunterhalt zu teilen und ihn, wenn er Not leidet, mitzuversorgen; seine Nachkommen meinen Brüdern gleichzustellen und, wenn sie es wünschen, sie diese Kunst zu lehren ohne Entgelt und ohne Vertrag; Ratschlag und Vorlesung und alle übrige Belehrung meinen und meines Lehrers Söhnen mitzuteilen, wie auch den Schülern, die nach ärztlichem Brauch durch den Vertrag gebunden und durch den Eid verpflichtet sind, sonst aber niemandem.

Meine Verordnungen werde ich treffen zu Nutz und Frommen der Kranken, nach bestem Vermögen und Urteil; ich werde sie bewahren vor Schaden und willkürlichem Unrecht.

Ich werde niemandem, auch nicht auf eine Bitte hin, ein tödliches Gift verabreichen oder auch nur dazu raten. Auch werde ich nie einer Frau ein Abtreibungsmittel geben.

Heilig und rein werde ich mein Leben und meine Kunst bewahren.

Auch werde ich den Blasenstein nicht operieren, sondern es denen überlassen, deren Gewerbe dies ist.

Welche Häuser ich betreten werde, ich will zu Nutz und Frommen der Kranken eintreten, mich enthalten jedes willkürlichen Unrechtes und jeder anderen Schädigung, auch aller Werke der Wollust an den Leibern von Frauen und Männern, Freien und Sklaven.

Was ich bei der Behandlung sehe oder höre oder auch außerhalb der Behandlung im Leben der Menschen, werde ich, soweit man es nicht ausplaudern darf, verschweigen und solches als ein Geheimnis betrachten.

Wenn ich nun diesen Eid erfülle und nicht verletze, möge mir im Leben und in der Kunst Erfolg zuteilwerden und Ruhm bei allen Menschen bis in ewige Zeiten; wenn ich ihn übertrete und meineidig werde, das Gegenteil. [111]

Das Entstehen der ärztlichen Ethik ist eine beeindruckende Großtat der hippokratischen Medizin. Mit der Schaffung der rationalen Medizin entwickelt sich bei den hippokratischen Ärzten ein hohes Berufsbewusstsein, das ihnen hilft, mit großer Verantwortung richtige Entscheidungen zu treffen. Obwohl der Eid – nach Hippokrates benannt – zu Lebzeiten des großen Arztes nicht bekannt war, er stammt aus dem 4. Jh. v. u. Z., sind in den hippokratischen Schriften (Corpus Hippocraticum) die meisten Gebote des Hippokratischen Eides mit den ethischen Vorschriften für die hippokratischen Ärzte vereinbar. [112] Das Wirken des Arztes muss dem Wohl des Patienten dienen und dessen Würde als Mensch in jeder Hinsicht respektieren. Wissen und Können, verbunden mit Empathie, dem Mitfühlen, sind Voraussetzung am Krankenbett des Patienten immer die richtige Therapie anzuwenden. Sinngemäß handeln die Ärzte nach dem hippokratischen Eid: Meine Verordnungen werde ich treffen zu Nutz und Frommen der Kranken, nach bestem Vermögen und Urteil; ich werde sie bewahren vor Schaden und willkürlichem Unrecht. Niemals darf ein tödliches Gift verabreicht werden, um das Leben des Patienten zu beenden. Respekt und Anstand sind vor allem bei Hausbesuchen zu wahren. Der Charakter des Arztes sei besonnen, seine Lebensführung geordnet; kurz und gut, er verhalte sich wie ein Ehrenmann. Er gehe dem Patienten freundlich entgegen, übe Selbstbeherrschung bei Besuch, insbesondere von Frauen und Mädchen. Verschwiegenheit ist das oberste Gebot.

Drei Grundsätze der hippokratischen Medizin stehen im Vordergrund der Tätigkeit der Ärzte:

1. Primum nihil nocere – zuerst einmal nicht schaden. Ziel der Therapie ist es, die Gesundheit der Menschen zu kräftigen, die Kranken, ohne zu schaden, wenn möglich zu behandeln, wenn mög-

lich zu heilen. Der Arzt hat immer Haltung zu bewahren, die sich ausdrückt in der Menschlichkeit seines Handeln, in der Liebe zu seiner Kunst, die ihm mehr wert ist als Ruhm und Reichtum im Gegensatz zu den Scharlatanen. »Die Scharlatane wandern nämlich von Stadt zu Stadt, bieten ihr Gewerbe auf dem Markte an und machen die Täuschung der Menschen zu ihrem gemeinen Geschäft. Man erkennt sie leicht an der Kleidung und sonst ihrer auffälligen Erscheinung... Groß ist der Abstand der beiden von allem andern; in der Heilkunst aber findet sich alles, was zur Weisheit gehört: Selbstlosigkeit, Rücksicht, Scham, Zurückhaltung, Ansehen, Urteil, Ruhe, Unbeirrtheit, Lauterkeit, Fähigkeit, in Sentenzen zu sprechen, Kenntnis dessen, was im Leben nützlich und notwendig ist, Verweisung des Schmutzigen, Freiheit von Aberglauben, göttliche Vollkommenheit. Was den Arzt auszeichnet, steht im Gegensatz zur Zügellosigkeit, Gemeinheit, Unersättlichkeit, Begehrlichkeit, Raublust, Schamlosigkeit.« [113]

2. Das Wohl des Patienten steht über allem. Der Patient erwartet vom Arzt, nach bestem Wissen und Gewissen behandelt zu werden.

3. Menschen zu behandeln ohne Unterschied in Geschlecht, Stand und Herkunft.

Nicht nur die freien Bürger haben Zugang zu den Ärzten, auch Fremde, Sklaven; natürlich auch Frauen, die nicht gleichberechtigt waren, konnten auf Hilfe hoffen. Nicht einmal dem Feind darf Zuwendung verweigert werden. Die Patienten konnten ihren Arzt auswählen. Kommen Arzt und Patient gut aus, baut sich ein Vertrauensverhältnis auf, das bei der Behandlung und beim Gesundwerden nicht zu unterschätzen ist. Der Ausschlag für die hohen ethischen Normen liegt in der Besonderheit des Arztberufes in der Antike. Die Arztausbildung war ja privat gestaltet, es gab keine staatliche Aufsicht. Das Gleiche gilt für die praktische Ausübung des ärztlichen Berufes. Der Arzt war immer ein freier Mann und dessen ärztliche Tätigkeit gegenüber dem Patienten beruhte ausschließlich auf gegenseitigem Vertrauen. [114]

Zum einen war es nur verständlich, dass die Ärzte Richtlinien befolgten, um gute Arbeit zu leisten und nicht in Konflikt mit ihren Patienten zu geraten. Zum anderen dienten die ethischen Regeln dazu, sich von den nur oberflächlich ausgebildeten Ärzten abzugrenzen. Hohe Anforderungen werden in jeder Hinsicht auch an die Lebensführung der Ärzte gestellt, die geordnet ablaufen soll. Kurz und gut, der Arzt verhalte sich wie ein Ehrenmann. Er komme dem Patienten immer freundlich entgegen, übe Selbstbeherrschung, besonders bei Frauen und Mädchen. Mit Freundlichkeit, heiterer Ruhe sind die Patienten zu behandeln. [115] Mit anderen Worten: Die Ärzte sollen gesund und in guter körperlicher Verfassung sein, nur so strahlen sie Lebenskraft aus.

Auch neuerdings wird in der Diskussion über eine neue Version des Hippokratischen Eides der Gesundheit der Mediziner große Aufmerksamkeit geschenkt, damit sie motiviert ihrer verantwortungsvollen Arbeit nachgehen können. Schon zur damaligen Zeit waren die Ärzte, wenn sie in Notsituationen gerufen werden, zu jeder Stunde des Tages und in der Nacht zur Stelle. Sie mussten auf ihre Gesundheit achten.

Was die Bezahlung der Ärzte angeht, lagen die Honorare im normalen Bereich. Das Arzthonorar wurde nach der Behandlung des Patienten nach vollzogener Heilung bezahlt. Die Höhe wird beeinflusst einmal vom Können des Arztes und einmal von der finanziellen Lage des Patienten. Im Prinzip kam es immer zu einer Einigung zwischen Arzt und Patient. Natürlich gab es auch wie heute überzogene Honorare, die in aller Öffentlichkeit kritisiert wurden. Wenn Not am Mann war, behandelten die Ärzte im Einzelfall auch arme Patienten kostenlos. Auch hier sind die Griechen Vorbild. Der Hippokratische Eid, »das wirkungsmächtigste Arztgelöbnis der abendländischen Medizin, ist auch nach über

2.000 Jahren Grundlage des ethischen Handelns der Ärzte«. [116]

Im Jahre 1948 wurde das Genfer Gelöbnis vom Weltärztebund (WMA) in Anlehnung an den Hippokratischen Eid in einer neuzeitlichen Fassung vorgelegt. Es heißt darin: »Bei meiner Aufnahme in den ärztlichen Berufsstand gelobe ich feierlich, mein Leben in den Dienst der Menschlichkeit zu stellen.« [117] Auf seiner 68. Generalversammlung am 14. Oktober 2017 in Chicago hat der Weltärztebund erneut eine überarbeitete Version des Genfer Gelöbnisses verabschiedet. Sie fasst die grundlegenden ethischen Prinzipien des ärztlichen Handelns zusammen und ist in Deutschland der Berufsordnung der Ärzte vorangestellt. Der wichtigste Satz lautet:

Die Ärzte haben die Autonomie ihrer Patienten und Patientinnen zu respektieren.

Das modernisierte Gelöbnis verpflichtet die Ärzte, medizinisches Wissen zum Wohl der Patienten und zur Förderung der Gesundheitsversorgung mit ihren Kollegen zu teilen. Außerdem werden die Ärztinnen und Ärzte aufgefordert, sich um ihre eigene Gesundheit zu kümmern. Nur dann können sie eine gesundheitliche Versorgung auf höchstem Niveau sichern. Des Weiteren wurde die Reziprozität (Gegen-, Wechselseitig-keit) des Respekts zwischen Lehrenden sowie Schülerinnen und Schülern aufgenommen, die bereits in dem 2.500 Jahre alten Hippokratischen Eid verankert war. Das überarbeitete Genfer Gelöbnis unter Federführung der Bundesärztekammer liegt in deutscher Sprache vor und wurde zwischenzeitlich mit den deutschsprachigen Mitgliedsverbänden und Ethikexperten des Weltärztebundes abgestimmt. Der Weltärztebund hat so die Weichen gestellt, dass die neue Fassung weltweit als ethischer Kodex für alle Ärzte anerkannt wird. [118]

Wie notwendig diese Forderung ist, ergibt sich neuerdings aus einer repräsentativen Studie der Ärztegewerkschaft Marburger Bund, an der sich 2016 Ärzte und Ärztinnen in Berlin-Brandenburg aktiv beteiligten und nach ihrer Arbeitsbelastung gefragt wurden. 70 Prozent der Befragten gaben an, mehrmals am Tag oder ständig unter Zeitdruck zu stehen. »Viele Ärzte fühlen sich überarbeitet und verunsichert. Sie kompensieren das unter anderem mit Qualitätsminderung.« Das hat natürlich Auswirkungen auf die Gesundheit der Ärzte, weil sie mit dieser Arbeitsweise dem eigenen Anspruch nicht gerecht werden können. Ein Drittel der befragten Mediziner gab an, dass sie auch zur Arbeit gehen, wenn sie krank sind. [119] Die Hauptursachen dieser Misere liegen in der Vorherrschaft der Ökonomie in den

Krankenhäusern, dem Personalmangel und der ausgeweiteten Bürokratie.

Auch in der neuen Version des Hippokratischen Eides gibt es noch offene Probleme, die geklärt werden müssen. Wiederum zunehmende Ökonomisierung in der Medizin, Sterbehilfe, Schwangerschaftsabbruch.

Die neue Fassung des Eides, genannt nach Hippokrates, dem Begründer der abendländischen Medizin, beginnt mit den Worten:

»Ich schwöre, den Willen und die Würde des Patienten zu achten.«

Ein Wort zum Schluss

Die Wiege der europäischen Medizin steht in Griechenland. Aulus Cornelius Celsus (1. Jh. u. Z.), Herausgeber von mehr als 26 Büchern, hat es auf den Punkt gebracht. Für ihn ist Hippokrates »wegen seines medizinischen Wissens, seiner Beredsamkeit und seines Schreibtalentes erster erwähnungswerter Arzt und ältester Gewährsmann. Ehrerbietig nennt er ihn 'Vater der Medizin'.« [120] Hippokrates erweist sich als Freund des Patienten, dem das Wohl seiner Kranken am Herzen liegt. Seine Haltung als Arzt wird bestimmt durch die Liebe zu seiner Kunst. Wissen und Können verbinden sich mit Menschlichkeit. Die hippokratischen Ärzte haben mit der »rationalen Medizin« sich erstmals in der Geschichte mit dem gesamten Menschen beschäftigt und eine konstitutionsbezogene Therapie entwickelt, in deren Mittelpunkt die Diätetik – die Kunst der angemessenen Lebensweise – steht. Die Griechen sind Vorbild, wie man mit einer gesunden Lebensweise die Gesundheit stärken und das Alter hinausschieben kann. Hier sprechen wir erstmals von einer Prävention, das heißt einer Krankheit zuvorzukommen. Der erworbene und recht anspruchsvolle Bildungsstand der freien Bürger auf der Grundlage eines sich ergänzenden, einheitlichen Erziehungs- und Bildungssystems in den Gymnasien, in denen Sport fester Bestandteil des Unterrichts ist, haben einen positiven Einfluss auf das Gesundheitsbewusstsein. Die hippokratische Medizin legt großen Wert darauf, dass sich die Patienten medizinische Grundkenntnisse aneignen, damit sie die Signale des Körpers richtig deuten können. Schon damals war bekannt, dass der gebildete und aufgeklärte Mensch auf seine Gesundheit achtet. Heute wissen wir: Schlechte Bildung und armselige wirtschaftliche Verhältnisse können das Leben verkürzen. Die Schere zwischen Arm und Reich geht in Deutschland immer weiter auseinander. 2,5 Millionen Kinder leben in Armut. Die Lebenserwartung von Männern ist in Deutschland um 11 Jahre geringer, wenn das Einkommen unter der Armutsgrenze liegt, bei Frauen sind es acht Jahre. 2017 besaßen die 45 reichsten Deutschen, so der Bundestagsabgeordnete Gregor Gysi, so viel wie die ärmere Hälfte in Deutschland, das sind 41 Millionen Menschen. [121] In Deutschland ist man besorgt darüber, dass circa 40 Millionen Bundesbürger eine schlechte Gesundheitskompetenz haben. Sie können nach Studien der Universität Bielefeld ihre körperlichen Symptome nicht richtig einschätzen.

Nach den Studien der antiken Quellen gab es in Griechenland, bis auf wenige Ausnahmen, keinen »Gesundheitswahn«, wie wir ihn heute allerorts erleben, nach dem Motto: höher, weiter, schneller, oft unter Einsatz der letzten körperlichen Reserven – deshalb die Forderung der hippokratischen Ärzte und Philosophen, immer auf ein gesundes Maß zu achten. Auch Profisportler sollten das beherzigen. Der Diätetik als Lehre vom gesunden Leben, »die zur Eigenverantwortung für die Gesundheit mahnt«, kommt dabei eine wichtige Rolle zu. [122]

Es lohnt sich, nicht nur darüber nachzudenken, sondern zu handeln, denn die Diätetik ist ein wahrer Gesundbrunnen. Die hippokratische Medizin war darauf aus, die Gesundheit nicht nur täglich, sondern lebenslang zu erhalten. Die Ärzte lehrten, dass man vor allem die Natur verstehen muss, um gesund zu bleiben. Der Arzt kann nur von ihr lernen, so Hippokrates, niemals wird die Natur von ihm, dem Arzt, lernen. Ganz im Sinne von Hippokrates hat auch Cicero auf diesen Sachverhalt hingewiesen. Cicero war ein römischer Politiker und Schriftsteller. Er war ein großer Anhänger der griechischen Kultur und lobte besonders den griechischen Lebensstil. In der Forderung der Griechen nach Bildung des Menschen sah er ein hohes Gut, weil der Mensch erst durch Bildung zum Menschen wird. Heute, nach über 2.000 Jahren, geht es darum, modernes Medizinwissen (Schulmedizin mit Hightech-Struktur) und altes Medizinwissen, das sich über Jahrhunderte in der

Praxis bewährt hat, baldig zu vereinen. Die Weltgesundheitsorganisation hat dazu die Weichen gestellt. Sie fordert, die traditionelle Medizin stärker in das Gesundheitswesen der Länder zum Nutzen der Patienten zu integrieren. In der Europäischen Union wenden über 100 Millionen Menschen alternative Heilverfahren an. Auch in der vereinten Medizin sollte der Prävention eine größere Aufmerksamkeit geschenkt werden als bisher. Mit dem Primat der Ökonomie in Deutschlands Gesundheitswesen, in dem auch der Patient »systemerfasst« wird, sind die Anreize auf kranke Menschen fixiert, weil ihre Behandlung vor allem zur Maximierung des Profits in den Krankenhäusern beiträgt. Dabei bleibt die Fürsorglichkeit in Therapie und Pflege oft auf der Strecke. Ein gewissenhafter Arzt kümmert sich nicht nur um die Krankheiten, so wie wir es aus der Antike kennen, sondern vor allem auch um den Lebensstil des Patienten.

Denn:

Gesundheit ist die erste Pflicht im Leben.

Oscar Wilde

Literatur

AA: Der Arzt im Altertum, Ernst Heimeran Verlag München, 1990

AM: Antike Medizin – ein Lexikon, Verlag C. H. Beck München, 2005

Amosov, N.: Herzen in meiner Hand, Verlag Kultur und Fortschritt VEB, 1970

Antike Heilkunst: Verlag Philipp Reclam jun. Leipzig, 1981

AU: Apothekenumschau

Bayer, K. (Hg.): Expressis verbis, Artemis & Winkler Verlag Düsseldorf/Zürich, 1998

Bergdolt, K.: Leib und Seele, Verlag C. H. Beck München, 1994

Blackburn E. / Epel E.: Die Entschlüsselung des Alterns, Goldmann Verlag München in der Verlagsgruppe Random House GmbH, 2017

BMP: Berliner Morgenpost

Bury, E. (Hg.): In Medias Res, Anaconda Verlag GmbH Köln, 2013

BZ: Berliner Zeitung

Cicero: Keine Angst vor dem Älterwerden, Verlag Philipp Reclam jun. GmbH Stuttgart, 2010

Der Spiegel: Verlag Hamburg

Der Tagesspiegel

Focus: Focus Magazinverlag GmbH München

MA Goethe: Münchener Ausgabe 1958 (Taschenbuchausgabe 2006), btb Verlag (Random House GmbH) München

Ge.: Goethes Gespräche (Deutscher Taschenbuchverlag GmbH, Münchener Ausgabe 1958), Artemis & Winkler Verlag Düsseldorf und Zürich, 1965

Goethe Tagebuch: Eugen Diederichs Verlag Düsseldorf-Köln, 1957

Gruss, P. (Hg.): Die Zukunft des Alterns, Verlag C. H. Beck München, 2007

Herz heute (Hg.): Deutsche Herzstiftung e. V. Frankfurt am Main

Hippokrates: Hippokrates Ausgewählte Schriften, Verlag Philipp Reclam jun. GmbH, Stuttgart, 1994

Hippokrates Aphorismen: Druck J. H. Kühnlein Helmstädt, 1778

Hufeland, C. W.: Makrobiotik, AFV Ariadne-Fach-Verlag, Aachen, 2000

Irmscher, J. (Hg.): Lexikon der Antike, Anaconda Verlag, 2013

Jaminet, P., Jaminet S. C.: Perfect Health Diet, Georg Thieme Verlag Stuttgart, 2018

Koelbing, H. M.: Arzt und Patient in der antiken Welt, Artemis Verlag Zürich und München, 1977

Li, Q.: Die wertvolle Medizin des Waldes, Rowohlt Verlag Reinbek b. Hamburg, 2018

Naturarzt: Access Marketing GmbH Königstein

Paracelsus: Der Mystiker, marixverlag GmbH Wiesbaden, 2013

Philostratos: Sport in der Antike, marixverlag in der Römerweg GmbH Wiesbaden, 2015

Porter, R.: Die Kunst des Heilens, Springerverlag Berlin-Heidelberg, Verlag Hohe GmbH, 2007

Rankin, L.: Warum Gedanken stärker sind als Medizin, Kösel Verlag München, 2012, Verlagsgruppe Random House

v. Rhein, A.: Das Buch vom Pfarrer Kneipp, Verlag der Jos. Kösel'chen Buchhandlung, 1891

Roizen, F., Mehmet C.: DU - Eine Bedienungsanleitung, Wilhelm Goldmann Verlag München, Verlagsgruppe Random House, 2000

Schweninger, E.: Der Arzt, Verlag Dr. Madaus Radeburg, 1926

Sigrist, H. E.: Anfänge der Medizin, Europaverlag AG Zürich, 1963

Stern: Verlag Hamburg

Walker, M.: Das große Buch vom Schlafen, Wilhelm Goldmann Verlag München in der Verlagsgruppe Random House, 2018

Abbildungsverzeichnis

Quellennachweis

1	Hufeland 293
2	Ge. 2, 60, 61
3	AM 6/1918
4	BZ 259
5	Amosov, N. 162, 164
6	AM 248, 642
7	AM 100
8	AM 416
9	MA 16, 700
10	MA 10, 614
11	In Medias Res 415
12	AM 557, 558
13	AM 351
14	Hippokrates AS 204
15	MA 19, 476
16	AM 352
17	Hippokrates Aphorismen
18	AU 6, 18
19	Hippokrates AS 277
20	Hippokrates AS 278
21	Hippokrates AS 267
22	Schweninger E. 95, 105
23	Schweninger E. 25
24	MA 19, 612, 613
25	Hufeland 5
26	MA 17, 867

27	MA 19, 272
28	Hufeland 5
29	Hufeland 5
30	Der Arzt im Altertum 361
31	Lexikon Antike 627
32	Li, Q.: Die wertvolle Medizin des Waldes 48
33	Expressis verbis 108
34	Hippokrates Aphorismen 6
35	Der Tagesspiegel Nr. 21760
36	Der Tagesspiegel Nr. 22787
37	Hippokrates AS 80
38	Antike Heilkunst 31
39	Hippokrates AS 129
40	Hufeland 231
41	Paracelsus: Der Mystiker 109
42	Antike Heilkunst 195
43	AM 275
44	AM 350
45	Der Arzt im Altertum 181
46	Antike Heilkunst 36
47	AM 404
48	Der Spiegel 46/2014
49	Hufeland 237, 255
50	Hufeland 236
51	www.zeit.de
52	Hippokrates AS 154
53	Hufeland 237
54	Der Arzt im Altertum 389
55	AM 364

56   AM 122

57   AM 122

58   Goethe Tagebuch 108

59   BMP 09.04.2017

60   Roizen, M.: DU – Bedienungsanleitung, 154

61   BMP 03.12.2016

62   Naturheilpraxis 08/2018

63   AM 523

64   AM 270

65   Naturarzt 9/2019

66   Hippokrates AS 249

67   Hippokrates AS 251

68   Perfect Health Diet 121

69   Focus 8/2019

70   Der Arzt im Altertum 359

71   Der Spiegel 4/2016

72   Hippokrates Aphorismen 9

73   Antike Heilkunst 50

74   Stern 05.09.2019

75   Stern 05.09.2019

76   Stern 26.09.2019

77   Schweninger E. 25, 114

78   Walker M.: Das große Buch vom Schlaf, 19

79   Antike Heilkunst, 119

80   Hippokrates Aphorismen, 15

81   forsa Umfrage (Krankenkasse Knappschaft)

82   AM 208

83   Der Arzt im Altertum 397

84   AM 208

85   AM 801

86   AM 804

87   Hippokrates AS 111

88   Hippokrates AS 110, 111

89   AM 444, 445

90   AM 332

91   AM 791

92   Naturheilpraxis 01/2019

93   AM 710

94   Blackburn, E.: Die Entschlüsselung des Alterns 20

95   Blackburn, E. Die Entschlüsselung des Alterns 227

96   Focus 28.09.2014

97   Antike Heilkunst 150, er Arzt im Altertum 395

98   BZ 15.12.2017

99   Naturheilpraxis 07/2010

100   Herz heute 06/2013

101   Oncology 2015

102   AU 01.06.2016

103   Hippokrates AS 303

104   BMP 15.07.2015

105   Focus: Fit und gesund 2019

106   Focus: Fit und gesund 2019

107   Naturheilpraxis 12/2019

108   Cicero: Keine Angst vor dem Älterwerden 64

109   Cicero: Keine Angst vor dem Älterwerden 78, 79

110   Cicero Keine Angst vor dem Älterwerden 24, 35

111   Der Arzt im Altertum 9, 10

112   AM 422

113   Der Arzt im Altertum 25, 27, 29

114   Antike Heilkunst 16

115   Hippokrates AS 110

116   AM 420

117   https://www.praktischarzt.de

118   Spiegel online www.baek.de

119   BMP 17.12.2019

120   AM 196

121   Focus 12/2019

122   Bergdolt K.: Leib und Seele